高校商务英语教学与实践研究

杨 洋 ◎ 著

中国商务出版社

·北京·

图书在版编目（CIP）数据

高校商务英语教学与实践研究 / 杨洋著. — 北京：中国商务出版社，2023.11

ISBN 978-7-5103-4856-3

Ⅰ. ①高… Ⅱ. ①杨… Ⅲ. ①商务－英语－教学研究－高等学校 Ⅳ. ①F7

中国国家版本馆 CIP 数据核字（2023）第 190235 号

高校商务英语教学与实践研究
GAOXIAO SHANGWU YINGYU JIAOXUE YU SHIJIAN YANJIU

杨　洋　著

出　　　版	中国商务出版社
地　　　址	北京市东城区安外东后巷 28 号　邮编：100710
责任部门	发展事业部（010-64218072）
责任编辑	李鹏龙
直销客服	010-64515210
总　发　行	中国商务出版社发行部（010-64208388　64515150）
网购零售	中国商务出版社淘宝店（010-64286917）
网　　　址	http://www.cctpress.com
网　　　店	https://shop595663922.taobao.com
邮　　　箱	295402859@qq.com
排　　　版	北京宏进时代出版策划有限公司
印　　　刷	廊坊市广阳区九洲印刷厂
开　　　本	787 毫米 ×1092 毫米　1/16
印　　　张	10
字　　　数	220 千字
版　　　次	2023 年 11 月第 1 版
印　　　次	2023 年 11 月第 1 次印刷
书　　　号	ISBN 978-7-5103-4856-3
定　　　价	65.00 元

凡所购本版图书如有印装质量问题，请与本社印制部联系（电话：010-64248236）

版权所有　盗版必究（盗版侵权举报请与本社总编室联系：010-64212247）

前言 PREFACE

  随着全球经济的不断融合与发展，国际贸易活动日益频繁，为了满足我国在国际舞台发展的需求，商务英语教育迅速崭露头角，逐渐成为我国教育领域不可或缺的一部分。截至 2020 年，全国已有 403 所高校开设了商务英语本科专业，可见其在教育体系中的重要地位。

  国际商务市场不断扩大，其对商务英语人才的需求也日益增长。特别是近年来，国际贸易局势多变，我国积极参与构建高水平对外开放新格局以及共建"一带一路"，这使得商务英语教育需要与时俱进。因此，如何改革与创新商务英语教学模式，培养出满足当前和未来国际商务需求的人才，成为商务英语教育领域亟待解决的问题。

  本书开篇首先明确了研究背景和意义。其次，从商务英语教学的理论基础入手，深入研究了商务英语教学的课程设计与教材选择，为商务英语教学的展开打下基础。再次，深入研究了商务英语教学的多种模式，如情景教学、混合式教学、案例教学等，立足实践，探讨了如何在英语教学中培养学生的听说读写以及跨文化交际能力。同时确立商务英语教学评价的框架与方法，明确了教师在商务英语教学中的定位与发展策略。最后，对教育技术不断创新下的商务英语教学转变进行了展望。通过全面论述这些内容，希望本书能为商务英语教学领域的教师、学者和从业者提供一些帮助与启发。

  本书在写作过程中参考了众多学者、教育工作者的研究成果，在此表示诚挚的感谢。希望本书能够为高校商务英语教育领域的发展和研究提供有益的参考，同时欢迎读者提供宝贵的意见和建议，共同推动商务英语教育事业的发展。

目录 CONTENTS

第一章　引言 ··· 1
　　第一节　研究背景与意义 ··· 1
　　第二节　研究内容与结构 ··· 4
　　第三节　研究方法 ·· 5

第二章　高校商务英语教学的理论基础 ······························ 6
　　第一节　商务英语教学概述 ·· 6
　　第二节　商务英语教学的理论框架 ································· 9
　　第三节　商务英语教学的重要性与挑战 ······················· 21

第三章　高校商务英语教学课程设置与教材选择 ············ 27
　　第一节　商务英语课程设置的原则 ······························ 27
　　第二节　商务英语教材建设与选择策略 ······················· 33
　　第三节　商务英语课程体系构建 ··································· 40

第四章　高校商务英语的教学模式研究 ···························· 48
　　第一节　商务英语情景教学模式 ··································· 48
　　第二节　商务英语混合式教学模式 ······························ 56
　　第三节　案例教学法在商务英语教学中的应用 ············ 63
　　第四节　校企合作视角下的商务英语教学模式研究 ···· 70
　　第五节　任务驱动的商务英语教学模式 ······················· 76

第五章　高校商务英语的教学实践研究 ··· 83

第一节　商务英语听说能力培养策略 ··· 83
第二节　商务英语阅读教学研究 ·· 89
第三节　商务英语写作教学研究 ·· 94
第四节　商务英语跨文化交际能力培养 ·· 100

第六章　高校商务英语的教学评价研究 ··· 106

第一节　教学评价概述 ·· 106
第二节　高校商务英语教学评价模型与框架 ·································· 110
第三节　高校商务英语教学评价方法 ·· 115

第七章　教育技术创新与高校商务英语教学研究 ······························· 128

第一节　高校商务英语数字化教材设计 ·· 128
第二节　自适应学习系统在高校商务英语教学中的应用 ··············· 135
第三节　基于虚拟现实与增强现实的高校商务英语教学 ··············· 141
第四节　高校商务英语多模态教学模式研究 ·································· 146

参考文献 ··· 153

第一章 引言

第一节 研究背景与意义

作为一门重要的语言技能,商务英语已经成为全球商务沟通中不可或缺的一部分。随着全球化经济的快速发展,各个国家企业的业务人员越来越需要具备良好的商务英语能力,以在国际市场上取得竞争优势。因此,高校商务英语教育的质量和效果对培养具备国际竞争力的商业人才至关重要。

一、研究背景

高校商务英语教育领域目前存在一些挑战和问题,如教学目标不明确、课程体系不完善、教学方法单一、教学方式陈旧等。因此,本书旨在深入探讨高校商务英语教学与实践,以期为改进商务英语教育提供有力支持。

(一)教学目标不明确

商务英语教学的教学目标应该清晰明确,以确保学生和教师都了解教学应该达到什么样的目标和预期结果。然而,实际情况中,商务英语教学的目标往往比较模糊,这种情况表现在以下几个方面:

1. 教学目标模糊

有些高校可能没有制定明确的商务英语教育目标,或者这些目标过于笼统,没有具体的度量标准。这使得学生和教师难以理解商务英语教育应该达到的标准。

2. 课程内部的目标不明确

即使有明确的目标,课程内部的具体目标也可能不明确。这可能导致不同的教师在同一个课程中会设置不同的教学目标,学生会感到困惑,不知道应该关注哪些方面。

3. 欠缺与实际需求的匹配

商务英语的目标应该与实际商务环境中的需求相匹配。但是,一些商务英语课程可能未能充分考虑到不同行业和职业领域的特定需求,从而无法培养学生实际的职场应用能力。

4.缺乏明确的评估标准

教学目标的不明确会导致评估标准的不明确。如果不清楚应该达到的目标，那么如何进行有效的评估就成为一个挑战，这可能会影响学生的学习动机和教育质量。

（二）课程体系不完善

高校商务英语教育当前普遍存在课程体系不完善的问题。这个问题涉及课程的内容、教学方法、资源支持以及教学质量等多个方面。以下是对这一问题的详细阐述：

1.课程内容的散乱

商务英语教育应该涵盖广泛的主题，包括商业沟通、跨文化交际、商务写作等多个领域。然而，一些高校的商务英语课程内容可能缺乏统一性和连贯性。不同教师在课程中强调不同的主题，将导致学生难以获得系统的商务英语知识。

2.缺乏相关的软硬件设备和设施

商务英语教学需要现代化的教学资源支持，如多媒体教室、在线学习平台、商务模拟软件等。然而，一些高校可能缺乏相应的软硬件设备和设施，限制了教学的创新和互动性。

3.缺乏统一的课程体系和教材

商务英语教育需要统一的课程体系和教材，以确保学生的学习过程在不同课程之间有衔接性。然而，一些高校缺乏相应的课程体系和统一的教材，导致学习过程的分散性和不连贯性。

这种课程体系不完善的问题影响了商务英语教学的质量和学生的学习体验。学生可能难以理解知识的内在联系，无法明确学习目标，从而影响他们的学习积极性，降低教育质量。

（三）教学方法单一

当前，许多高校仍然依赖传统的教学方法，如传统的课堂讲授和教科书阅读，这种单一性限制了学生的学习体验和实际应用能力的培养。

传统的课堂讲授方法通常缺乏足够的互动性，学生被动接收知识，难以积极参与课堂活动。商务英语是一门实践性极强的学科，要求学生能够在实际商务情境中运用所学知识和技能。然而，传统的教学方法未能提供足够的实践机会，导致学生缺乏实际应用能力，难以适应商业环境的需求。此外，学生的学习风格和能力也各不相同，单一的教学方法难以满足所有学生的需求，另一些学生可能适应传统的课堂讲授，而一些学生可能更适应互动和实践性的教学。因此，学校需要提供多样化的教学方法，以满足不同学生的学习需求。

商务英语教育的目标之一是培养学生的跨文化交际能力，但传统的教学方法未能充分考虑到跨文化交际的复杂性。多样化的教学方法可以更好地培养学生跨文化的敏感性和沟通技能。

（四）缺乏现代化的教学方式

高校商务英语教育当前面临一个突出的问题，即缺乏现代化的教学方式，这一问题对商务英语教育产生了多方面的负面影响。

目前，高校商务英语教育的课程内容和教学方法往往未能充分借助现代化技术和教育手段，导致学生的学习体验相对单一。在信息技术飞速发展的当下，传统的课堂讲授和纸质教材已经不能满足学生的学习需求，而未能引入现代化的教学方式意味着学生未能充分受益于先进技术带来的教育便利，导致商务英语教育未能充分满足学生的现代学习需求。学生如今生活在数字化、互联网时代，对信息获取和互动学习有着不同以往的需求。然而，传统的教学方式限制了学生在学习过程中的自主性和灵活性，使他们难以积极参与到商务英语课程中。

商务领域的技术和趋势不断演进，需要与之相适应的教育方式来培养商务英语专业人才。因此，未能引入现代化的教学方式可能会导致商务英语教育的内容和方法与实际商业环境脱节。

二、研究意义

本书的研究意义主要体现在以下几个方面：

1. 促进商务英语教育的发展。深入研究商务英语教学的理论基础、课程设计、教材选择、教学模式等方面，有助于提高商务英语教育的质量，培养更具竞争力的商务专业人才。

2. 推动教育技术创新。随着教育技术的不断进步，本书还将探讨教育技术在高校商务英语教学中的应用，包括数字化教材设计、自适应学习系统、虚拟现实与增强现实等，为教育领域的技术创新提供有益借鉴。

3. 促进国际交流与合作。商务英语是一门跨文化交际的语言，本书将重点关注跨文化交际能力的培养，有助于加强国际的教育交流与合作，推动全球商务英语教育的进一步发展。

4. 提供实践指导。通过研究高校商务英语的教学实践，本书将提供一系列教学策略和方法，为教师和教育机构提供有益的实践指导，以提高教育效率。

综上所述，高校商务英语教学与实践研究具有重要的理论和实际意义，对提高商务英语教育的质量和水平，培养更具竞争力的商务专业人才，以及推动教育技术创新都有积极作用。通过深入研究和探讨，本书有望为高校商务英语教育领域的发展提供有益的参考。

第二节 研究内容与结构

本书将全面探讨高校商务英语教育的各个方面，为教师和学生提供有价值的参考和指导，促进商务英语教育的不断发展。本书研究内容与结构如下：

第一章引言，深入探讨了研究的背景与意义。商务英语教育在高校中的角色日益重要，因为现代商业活动参与人员需要具备跨文化交际和商务沟通的能力。本章明确了研究的内容与结构，将本书划分为七个主要章节，以便读者更好地理解研究的框架。同时，研究方法一节介绍了用于收集和分析数据的研究方法，包括调查、文献分析等多种研究方法，以确保研究的科学性和全面性。

第二章高校商务英语教学的理论基础，概述了商务英语教学的概念，强调了其在职场中的应用。在理论框架一节深入研究了商务英语教育的理论基础，包括语言习得理论和沟通理论，以帮助教育者更好地理解教学方法的选择和实践。同时，商务英语教学的重要性与面临挑战一节探讨了商务英语教育所面临的挑战，例如，如何平衡语言技能培养和商务实践能力的培养。

第三章高校商务英语教学课程设计与教材选择，首先讨论了商务英语课程设置的原则，以确保课程内容与学生需求相匹配；其次，商务英语教材建设与选择策略一节介绍了如何选择或开发合适的商务英语教材；最后，商务英语课程体系构建一节探讨了建立完整的商务英语课程体系的方法。

第四章高校商务英语的教学模式研究，聚焦不同的教学模式，包括情景教学模式、混合式教学模式、案例教学法以及校企合作模式。这些教学模式给学生提供了多样化的学习体验，有助于提高他们的实际应用能力。

第五章高校商务英语的教学实践研究，关注听说能力、阅读教学、写作教学以及跨文化交际能力培养等方面，提供了一系列有效的教学策略和实践经验，帮助教育者更好地指导学生在这些领域的发展。

第六章高校商务英语的教学评价研究，介绍了不同的教学评价模型和方法，以确保教师全面评估学生的学术表现和教学效果。

第七章 教育技术创新与高校商务英语教学研究，探讨了数字化教材设计、自适应学习系统的应用、虚拟现实和增强现实技术的运用，以及多模态教学模式的研究。这些教育技术的创新有助于提高教育的效率增强教育的效果，给学生提供更具吸引力的学习体验。

第三节 研究方法

本书采用多种研究方法,以全面深入地探讨高校商务英语教育领域的不同方面。以下是研究方法的详细描述:

文献研究。通过广泛的文献研究,收集和分析关于商务英语教育的已有研究、理论框架和最新趋势。文献研究有助于理解该领域的历史演变、关键概念和学术观点。

调查研究。设计和实施定量和定性的调查,以了解高校商务英语教育的现状、需求和问题。调查包括学生、教育者和企业界的参与者等,以获取多角度的数据。

案例研究。通过深入研究一些高校或课程的具体案例,探讨特定情境下的教学实践和成功经验,有助于提供实际的案例和经验分享。

观察研究。进行教室观察和学习过程的记录,以了解教育现场的实际运作和学生互动。观察可以发现教学中的问题和机会。

访谈研究。与教育者、学生和行业专家进行半结构化或深度访谈,以获取他们的观点、经验和建议。访谈可以提供深入的理解和质性数据。

教育技术分析:对现有的教育技术工具和资源进行评估,以确定哪些技术可以用于高校商务英语教育中,以及如何有效地应用它们。

这些研究方法的综合运用将有助于获得全面的研究数据,深入了解高校商务英语教育的各个方面,为提高教育质量和有效性提出实际的建议。

第二章　高校商务英语教学的理论基础

第一节　商务英语教学概述

商务英语作为一门重要的语言学科，已经成为全球商业和职业发展中的关键因素。随着国际贸易、全球化市场和跨文化交流的发展，对商务英语专业人才的需求也不断增加。本节将明确商务英语的概念，分析其特点，并探讨其在国际商务中的作用。

一、商务英语和商务英语教学的概念

商务英语是一门专注商业和贸易领域的英语语言使用和交流的学科。它旨在帮助人们在商业环境中有效地沟通，包括跨国公司、国际组织、国际贸易以及全球化市场等多个商业环境。商务英语强调了一种专业化的英语应用，使人们能够进行商务会话、撰写商业文件、参加会议以及处理跨文化交流信息等。

商务英语的概念涵盖了多个方面。首先，它包括商业用语和商务文化的学习。这意味着参与商务英语活动人员要了解商业术语、行业特定的词汇以及商务礼仪，以便在商业场合中与客户、合作伙伴和同事进行有效沟通。此外，商务英语还着重培养参与商务英语活动人员与商业文化相关的技能，如商务谈判、待人接物等，以确保其在国际商务活动中表现出色。其次，商务英语还包括商务沟通的技能培养。这包括书面和口语沟通，涵盖商业信函、报告、演示、电话交谈和电子邮件等多种形式。参与商务活动人员要掌握正确的语法、拼写和标点符号，以确保他们的书面沟通清晰、专业。口头沟通方面，参与商务活动人员要培养演讲和听力技能，以应对从小组会议到大型国际会议的各种商业场合。另外，商务英语还强调跨文化交流的重要性。在经济全球化趋势下，商务活动中面临着来自不同文化背景的人员或组织之间的各种挑战。因此，商务英语课程通常包括文化知识和跨文化交际技巧的培训，以帮助学习者更好地理解和适应不同文化的商业习惯与价值观。

商务英语的概念范畴实际上构成了商务英语教学的核心内容。因此，可以将商务英语教学定义为一种旨在培养学生在商业领域成功运用语言和文化的教学方法。这种教学方法旨在满足现代商业活动不断增长的需求，同时有助于促进国家社会经济的发展。

商务英语教学包括商务英语培训及实际商务英语应用等多个层次和类型的教育活动。学习者通常选择学习商务英语是为了满足工作需求或提升自己未来职业发展水平。在商务英语教学中，关注学生的需求是关键。这意味着教学方法要根据学生的背景和目标进行定制，以确保他们能够掌握商务英语知识和技能，包括词汇、语法、商业用语、商务文化以及商务沟通技巧等方面的内容。商务英语教学注重培养学生的自主学习和元认知能力，鼓励他们积极参与课堂和实践活动，以培养创新思维、批判性思考和解决问题的能力。此外，商务英语教学还强调培养学生的跨文化交际能力和商务礼仪，因为在国际商务领域，理解文化差异和遵守社交礼仪至关重要。

总之，商务英语教学是一种为学生提供在商业活动中成功运用语言和文化的教学方法，其满足现代商业活动不断增长的需求，并有助于促进国家社会经济的发展。

二、商务英语的特点

商务英语的特点涵盖了语言学、理论知识和文化知识等多个方面。

1. 语言学特点

（1）词汇的专业性与多样性

商务英语中包含了大量与特定行业或领域相关的专业词汇。这些词汇通常用于描述特定的商业概念、流程或产品。例如，在金融领域，需要熟悉股票、债券、投资组合、资产负债表等金融术语。在法律领域，会遇到起诉、合同、法律责任等专业词汇。商务英语不仅包含特定专业性词汇，还涵盖了其他商业领域，包括市场营销、国际贸易、人力资源管理、战略规划等。由于商务活动具有多样性，商务英语涉及的词汇也变得非常丰富。例如，在市场营销领域，需要熟悉品牌管理、广告、市场调研、市场定位等词汇。在国际贸易中，需要了解关税、进口出口、贸易协定等相关术语。

此外，商务英语中还存在着一些行业俚语或缩写词汇，这些词汇可能在特定行业内被广泛使用，但对不了解的人来说可能会造成困惑。例如，在科技领域，"AI"代表人工智能，"IoT"代表物联网，这些缩写词汇在技术会话中非常常见。商务英语也包括一系列商务用语，用于描述商业交流中的常见情境，包括会议、谈判、邮件往来、电话交流等各种情境下的用语。

为成功运用商务英语，学生不仅需要理解这些专业性词汇，还需要掌握它们在不同情境中的正确用法。只有通过持续学习和实践，才能确保学生在商业活动中有效地交流。

（2）准确性和正式性

正式用语和准确的语法表达是商务英语的显著特点之一。在商务交流中，商务人员应避免口语化或非正式的表达方式，而是更倾向使用专业和正式的词汇，以确保清晰地沟通和树立专业形象。例如，用"utilize"代替"use"，用"inquire"代替"ask"，以适应更加正式和专业的语境。在商务环境中，语法错误可能导致误解或造成不良印象，因此商务人员要特别注意动词时态、主谓一致、冠词的正确使用等语法规则。通过保持准确的语法表达，商务人员能够更有效地传达信息，确保信息的清晰性和专业性。此外，商务英语也强调避免使用模糊的词汇或表达方式。在商务交流中，清晰和准确的沟通内容至关重要。因此，使用者应避免使用模糊不清的词汇或表达方式，以确保对方准确理解信息。例如，使用"approximately"代替"about"，使用"clarify"而非"make it clear"，以减少歧义。

总之，商务英语的正式性和准确性有助于建立专业形象、避免产生误解，并确保在商务活动中进行有效的沟通。

2. 理论知识的特点

（1）商科知识

商务英语专业课程涵盖了广泛的商科知识领域，学生在进行语言学习的同时还需要掌握商务策略、商务沟通、企业管理、市场营销、国际贸易等内容的商务专业知识。

（2）商科理论

商务英语教学不仅仅是对学生语言技能的培养，还包括其对商科领域理论的了解和运用。这些理论提供了不同的视角来理解商业问题，它们强调合作、适应和创新等理念，对解决复杂的商业问题非常有帮助。学生可以通过研究和讨论这些理论来扩展他们的商业知识范围，以更好地应对不断演变的商业环境。

3. 文化知识的特点

（1）人文素质

除了语言技能和商务知识，人文素质教育在商务英语教学中起着重要作用，特别是在培养学生的人文意识方面。人文素质教育有助于学生更好地理解和尊重不同文化的差异。商务英语专业的学生未来会与来自世界各地的商业伙伴交流，因此他们需要具备跨文化沟通技能。培养跨文化理解力可以帮助学生更有效地与国际伙伴合作，并避免产生文化上的误解。商务英语专业的学生需要了解商业决策对社会和环境的影响，人文素质教育可以帮助他们意识到企业在社会中的角色和责任。学生应该考虑到可持续发展、社会责任、伦理和道德价值观，以在商业决策中采取促进可持续发展和对社会负责任的行动。人文素质教育有助于培养学生的跨学科思维能力，商务领域通常不仅涉及商业知识，还涉及政治、社会、文化和环境等方面知识，学生需要综合运用不同学科的知识来分析和解决复杂的商业问题。

（2）跨文化交际能力

商务英语教学具有突出的跨文化交际能力培养要求，这是因为商务英语学生未来通常需要与来自不同文化背景的商业伙伴同事进行广泛的沟通和合作。

三、商务英语教学的发展历程

语言一直是人类交流的重要工具，随着社会的不断发展，语言也在不断演变。英语的起源可以追溯到公元前500年，但它真正崛起是在工业革命后，英国的殖民活动和帝国扩张使英语逐渐成为国际舞台上的主要语言。

二十世纪，尤其是第二次世界大战结束后，世界进入一个前所未有的科技和经济高速发展时期。美国在这个过程中崭露头角，成为全球科技和经济的引领者，而英语也成为国际交流中通用的语言。现在，将英语作为第一语言的国家有美国、英国、澳大利亚、新西兰、加拿大、爱尔兰等10多个，而将其作为主要交流语言的国家包括新加坡和一些非洲国家，共计80多个。此外，有许多国家将英语作为第二语言，如法国、瑞士、丹麦、比利时、挪威、芬兰和冰岛等。英语已成为世界政治、经济、科技和文化交流中的主要语言。

随着全球经济社会的发展，英语在国际商务领域得到广泛应用，并得到广泛认可。国际商务中使用的英语涵盖了商务谈判、保险、索赔、信用证、支付、货运等多个方面。商务英语不仅在词汇和语法方面有特殊要求，还包括特定的礼仪、话语形式，以及与商务相关的专业知识。因此，商务英语与普通英语有很大区别，形成了一种独特的语言和交流体系，被视为英语的一种专业变种。

在许多国家，商务英语受到高度重视，许多学校提供商务英语课程。这些课程的目标是培养具备商务专业知识、社交能力强、能够用英语从事商务活动并解决商务纠纷等的高级应用型和管理型人才。在以英语为母语的国家，商务英语教学被看作是专门用途英语教学的一个分支。例如，英国的牛津大学和剑桥大学设立了国际性商务英语考试，伦敦商会设立了商务英语证书培训和考试机构。美国的哈佛大学、斯坦福大学和加州伯克利大学也开设商务英语课程。此外，许多国家的城市都有商务英语培训学校。总之，商务英语教学在全球范围内蓬勃发展，为培养专业人才提供了机会。

第二节 商务英语教学的理论框架

作为外语教学领域一个重要的分支，商务英语教学旨在培养学生在商业和跨文化交际领域中具备沟通和交流技能。为了更好地指导和构建高效的商务英语教学体系，理论框架的建立变得非常重要。本节将探讨商务英语教学的理论基础，将重点聚焦在专门用途英语（ESP）理论、建构主义理论、人本主义理论和图式教学理论上，这些理论为商务英语教学提供了指导和支持。

一、专门用途英语理论与商务英语教学

（一）专门用途英语的概念和特点

专门用途英语是英语教育领域的一种方法，它将英语教学与特定的目的和领域紧密结合，以满足学习者在特定专业、行业或情境中的语言需求。

ESP 是 "English for Specific Purposes" 的缩写，直译为"为特定目的的英语"。它强调英语的应用是有明确目的的，而这个目的通常涉及学习者所从事的特定领域。不同于一般性的英语学习，ESP 的焦点在于满足学习者在工作、学术或专业领域中的特定语言需求。它不仅仅教授语法和词汇，而更侧重于提供在实际情境中使用英语的技能，如商务交流、医学报道、工程项目管理等。ESP 的特点主要体现在以下方面：

1. 特定目的

与一般性英语学习不同，ESP 关注学习者在特定领域或情境中的语言需求，如商务英语等。

2. 定制化（Tailored）

ESP 课程和教材通常根据学习者的需求和水平进行定制。这意味着课程内容、教学方法和教材都会根据学习者的特殊要求及学习水平进行调整，以确保他们能够应对特定的语言需求。

3. 学习者的多样性

ESP 学习者可以包括成年人、大学生、在职专业人士等，他们可能有不同的需求，因此 ESP 的教学方法可以适应不同类型的学习者。

4. 需求分析

ESP 的课程设计通常以需求分析为基础，包括收集和评估学习者的语言需求，以便确定要教授的内容和教材。

5. 实际情境

ESP 强调在真实的商务情境中使用英语，以帮助学习者更好地应对商务英语的语言需求。这可能包括商务谈判、商业会议、报告撰写等实际情境的模拟。

（二）ESP 的定义和发展历程

ESP 源自二十世纪六十年代后期，是一种针对特定目的和领域的英语教学方法。ESP 的出现是由包括经济、语言学和教育心理学等领域的多种因素推动和影响的。

首先，ESP 的起源与全球经济和科技的迅速发展密切相关。在第二次世界大战后，西方国家的经济活动和科学技术实现了空前的增长与繁荣，这导致了国际交流的激增，特别是在经济、科技和商业领域。作为全球经济大国，美国和英国的影响力不断扩大，英语逐渐成为国际交流的主要语言。人们开始意识到，学习英语不再仅仅是为了获取一般性的语言技能，而是为了实现更具体的目标，如商业交流、科技合作和学术研究等。

其次，ESP 的发展受到了语言学领域的关注。语言学家开始研究不同领域和专业领域中的语言使用，发现不同领域有不同的语言需求和特点。这催生了对专门用途英语的需求，以便更好地满足特定领域的沟通需求。因此，ESP 的诞生与语言学研究对专业领域的关注有着密切关系。

最后，教育心理学领域的进展为 ESP 的发展提供了支持。教育心理学家开始关注学习者的需求和学习过程,强调教育应该根据学习者的需求进行个性化定制。这一理念与ESP的核心思想高度契合,即英语教学应该与学习者的需求和目标紧密结合。

因此,ESP作为一种新的学科领域应运而生,它的出现是对全球化和专业化趋势的回应,旨在为学习者提供有针对性的英语教育,以满足他们在特定领域和情境中的语言需求。ESP的发展历程经历了从军事领域到工程、商务、学术等多个领域的扩展,同时也伴随着课程设计、教材开发和教学方法的不断改进。在国内,ESP的教学逐渐兴起,非文科类高校开始引入ESP课程,以满足学生在特定领域的英语需求。

总之,ESP的起源和发展是多方面因素综合影响的结果,包括全球经济发展、语言学研究和教育心理学的进展。它是英语教学领域的一项重要创新,为学习者提供了更有针对性和实用性的英语教育,以满足他们在特定领域中的沟通和学习需求。ESP的未来发展将继续受到全球化和专业化的影响,为英语教学领域带来更多创新和变革。

(三)商务英语作为ESP的范畴

商务英语是一种专门用途英语,旨在培养学习者在商业环境中运用英语进行有效沟通和交流的能力,包括商务会话、商务写作、商业谈判、市场营销、财务报告等方面的英语技能。商务英语的目标是使学习者能够在商业领域中成功地面对各种情境和处理任务,从而为他们的职业发展提供强大的语言支持。商务英语作为ESP的范畴具有以下特点:

1.专门性。商务英语强调在商业和经济领域中的专门用途,学习者需要掌握特定领域的商业术语、惯例和文化,以有效地与商业伙伴和同事交流。

2.实用性。商务英语教学注重实际应用,学习者需要掌握在商业环境中常见的语言技能,如撰写商业邮件、制订商业计划、进行销售演示等。

3.沟通能力。商务英语教学强调口头和书面沟通的能力,包括会议演讲、电话谈判、商务报告和商务信函撰写等。

4.国际化。随着全球化的发展,商务英语的范畴不仅局限于国内商务,还包括国际商务,学习者需要掌握国际商务交流的技能,如国际贸易、跨文化交际等。

商务英语作为ESP的目标是为商业领域的从业人员和学生提供必要的语言技能培训,使他们能够在职业生涯中成功应对各种挑战。具体目标包括:

①培养商务英语的听、说、读、写能力,以便与国内和国际商业伙伴有效沟通;

②提高商务英语的交际技能,包括会议技巧、商业演示和谈判技能;

③培养商业写作技能,如商业报告、商业计划和商务邮件的撰写;

④帮助学习者理解和遵守商业规则,包括礼仪、商业道德和国际商务惯例。

(四)ESP理论对高校商务英语教学的启示

ESP理论为商务英语教学提供了重要的指导原则,强调了个性化教育、实际应用和专业知识的重要性。商务英语教学可以利用ESP理论的方法和原则来提高学习者的语言技能和职业竞争力,使他们能够在商业领域中取得成功。

第一，ESP理论强调教学应根据学习者的具体需求进行定制。在商务英语教学中，了解学习者的背景、职业和特定语言需求非常重要。教师和课程设计者应该进行详细的需求分析，以确定学习者需要掌握的商务英语技能和知识，然后根据这些需求制订教学计划。

第二，ESP理论强调语言应该运用在实际情境中。商务英语教学应该注重学习者在商业环境中的实际应用能力。通过案例研究、角色扮演和商业模拟等教学方法，学习者可以在真实的商业情境中练习和应用所学的语言技能。

第三，ESP理论鼓励定制化的教材和课程设计。商务英语教材应根据学习者的需求进行定制，以确保教学内容与学习者的职业领域密切相关。定制教材可以包括商业文档、行业报告和商务通信等真实材料。

第四，ESP理论认为，学习者在特定领域的专业知识对掌握相关领域的英语非常重要。在商务英语教学中，学习者不仅需要掌握商业用语和表达方式，还需要了解商业领域的专业知识，如金融、市场营销、国际贸易等。

二、建构主义理论

（一）建构主义的起源与发展

建构主义理论源自二十世纪七八十年代，是在认知心理学和社会学习理论的基础上逐渐发展起来的。

建构主义的思想可以追溯到早期的思想家，特别是瑞士心理学家皮亚杰和俄国心理学家维果茨基。皮亚杰强调儿童是积极参与和建构自己认知结构的主体，他的研究揭示了儿童的认知发展阶段，如感知—运动期、前运算期、具体运算期和形式运算期，这些阶段反映了儿童在不同年龄段的认知能力和思维模式的演变。维果茨基则强调了社交互动和文化背景对认知发展的重要性。维果茨基认为，学习是一个社会过程，通过与他人的合作和互动，个体可以获取知识和技能，他提出了"近发展区"和"远发展区"的概念，认为学习者在与更有经验的人合作时，能够进一步提高他们的认知能力。

二十世纪七十年代，认知心理学经历了一场革命，研究者开始质疑传统学习理论，转而强调知识的建构过程。这一时期，学者们开始关注知识是如何在社会互动和语言交流中建构出来的，这对建构主义理论的形成产生了重要影响。

美国教育家布鲁纳在二十世纪七十年代末和八十年代初提出了"学习是建构新知识的活动"的理念。随后，布鲁纳进一步发展了建构主义理论，提出了"教育的建构主义"。布鲁纳认为，教育应该关注学习者的建构能力，学习不仅仅是接收信息，还包括主动地建构和解释知识。布鲁纳的理论强调了教师的角色，他们应该创造丰富的学习环境，鼓励学习者思考、提问和解决问题。

二十世纪九十年代初，建构主义理论在教育领域得到广泛应用。欧美多个国家的教育改革受到建构主义的影响，开始实施以学生为中心、强调互动和探究的教育模式。这一时期,建构主义理论得到了进一步的发展,理论重心由认知向社会性转移,强调语言、文化和社区对知识建构的重要性。

二十一世纪,建构主义理论在教育、心理学、管理学等多个学科领域得到广泛应用。此时出现了一些新的研究方向,如后建构主义和社会建构主义,强调知识和现实是由社会、语言与文化共同建构的。

总之,建构主义理论的起源可以追溯到二十世纪早期,但在二十世纪七八十年代经历了重要的发展和演变。这一理论强调知识是在社会互动和语言交流中建构的,强调学习者的主动参与和探究,对教育领域产生了深远的影响,并不断在不同领域的研究中得到拓展和应用。

(二)建构主义的观念

1. 建构主义教学观

建构主义的教学观是一种与传统教育观念有明显差异的教育理念,它关注学习者在教育过程中的积极参与和知识建构。

建构主义教学观认为,学习是学习者积极参与知识建构的过程。学生不是被动地接收教师传授的知识,而是要通过个人经验、思考和互动行为来建构知识,他们不仅仅获取信息,还要理解、解释和赋予知识以意义。

在建构主义教学中,教师不再是传统意义上的知识传授者,而是学习的导师和支持者。教师的任务是创造富有挑战的学习环境,鼓励学生提出问题、探索和解决问题,引导他们思考和反思。教师不仅仅传授知识,还要培养学生的自主学习能力和批判性思维。

建构主义认为知识是相对的,不是绝对的,学生的知识建构受到他们的个人经验和水平的影响,因此不同学生可能会对同一命题产生不同的理解。另外,知识内容也是灵活的,可以根据新的经验和信息进行修改与扩展。这反映了建构主义对知识客观性和确定性的质疑,建构主义强调社会互动对知识建构的重要性,学生通过与同伴、教师的交互、合作和经验分享,可以更好地理解和建构知识。同时社会互动提供了不同的观点和思考方式,有助于丰富学习者的学习经验。

建构主义鼓励学生提出问题、探索信息和寻找解决方案,问题导向的学习能够激发学生的好奇心和求知欲,培养他们解决实际问题的能力,学生通过自主提出问题和寻找答案,更深入地理解知识。建构主义教育尊重学生的个体差异,每个学生都有自己独特的认知结构和学习方式。因此,教育应该根据学生的需求和特点来进行个性化教学,帮助他们更好地建构知识。

2. 建构主义的学习观

建构主义的学习观强调学习是一个积极主动的过程,学习者在学习中不仅仅是被动地接收信息,而是主动地参与知识的建构和理解。

（1）主动性和参与性

建构主义认为学习者是知识的积极建构者，他们通过自己的思考、经验和行动来主动地参与学习过程。学习不仅仅是信息的传递，而是学习者积极地探索问题、提出问题、分析问题和解决问题的过程。学习者在学习中扮演着主动的角色，他们通过思考和互动来建构知识，而不是被动接收教师教授的内容。

（2）社会性

建构主义强调社会互动对学习的重要性。学习者通过与他人（包括教师和同伴）的交流和合作来构建知识。社会互动提供了机会，让学习者分享观点、比较不同的理解、讨论问题，并从他人的经验中学习。社交互动有助于学生更好地理解和内化知识，同时可以培养他们的社交技能。

（3）情境性

建构主义理论认为学习是依赖于情境的，学习者将新知识放置在他们自身的情境和经验中，通过将新知识与旧知识关联，来更好地理解和应用它。因此，教育者要创造富有挑战性和启发性的学习情境，以便学习者能够将知识运用到实际生活中。情境性学习也有助于提高知识的迁移能力，使学习者能够将所学知识运用到不同的情境中。

（4）建构性学习

建构主义学习观认为学习是知识的建构过程。学习者通过与新信息交互，将其与已有的认知结构相融合，从而形成新的理解和知识。这个过程通常涉及调整、修改和扩展旧的认知模式，以适应新的信息。因此，学习者在学习过程中逐渐建构自己的理解，这个理解是个体化的，并随着学习的深入而不断发展。

（5）批判性思维和问题解决

建构主义鼓励学习者培养批判性思维和问题解决能力。学习者被鼓励提出问题、质疑信息、分析信息的来源和可信度，并寻找解决问题的方法。这种批判性思维和解决问题的能力是建构主义学习观的核心，有助于学习者更好地理解和运用知识。

总之，建构主义的学习观强调学习是一个积极主动、社会性、情境性、建构性和批判性的过程，它提供了一种不同于传统教育的教学方法，强调学习者的自主性和参与度，有助于培养学习者的终身学习能力和创造性思维。这一学习观在现代教育中具有广泛的应用价值。

（三）建构主义学习理论与商务英语学习

建构主义理论是一种教育理论，强调学习者在知识建构过程中扮演着积极主体的角色。对于商务英语学习，这一理论提供了许多有益的启示：

1. 注重学习的主体性

建构主义理论将学习者视为学习的主体，强调其主观能动性。在商务英语学习中，这意味着教育者应该鼓励学习者主动参与学习过程，激发他们的学习兴趣和动力。教师的角色是引导和激发学习者的思考，而不仅仅是传授知识。

2.培养实用能力

建构主义理论强调通过实践来建构知识。在商务英语学习中，这意味着教育者应该采用融入实际案例和工作任务的教学模式。学习者通过实际商务场景的模拟和实践操作，能提高其所学的语言技能。

3.强调语言环境建设

建构主义理论重视语言环境的建构。教育者可以利用模拟职场场景、创建学习社区或使用在线协作工具，帮助学习者在互动中主动学习和实践商务英语技能。通过与他人的交流和互动，学习者能够更好地掌握语言技能。

4.注重个性差异

建构主义理论尊重学习者的个性差异。不同背景和学习风格的学习者可以通过各自途径学习，实现个性化学习。教育者应该灵活地调整教学方法，以满足不同学习者的需求，并鼓励他们发挥自己的强项。

5.培养社交能力

商务英语学习不仅仅涉及语言技能，还包括社交能力。建构主义理论鼓励学习者通过团队协作、网络合作等方式学习如何在社交互动中更好地运用商务英语，这有助于他们在实际商务活动中更好地交流和合作。

6.评价注重过程

建构主义教育强调不仅要关注学习成果，还要关注学习过程和过程评价。教育者应该鼓励学习者主动思考、反思和解决问题的能力。评价应该更加综合，包括学习者在知识建构和解决问题过程中的表现。

7.引导解决问题

教师在建构主义教育中的角色是指导者，通过给予适度的引导和提示，让学习者通过主动解决问题来掌握商务英语知识和技能，通过鼓励学习者思考和探索，培养他们的批判性思维和解决问题的能力。

建构主义理论给商务英语学习提供了有益的启示，强调学习者的主体性、实践、社交互动和个性化学习，有助于培养具备综合能力的商务英语专业人才。教育者可以结合这些原则来设计更有效的商务英语教育课程和教学方法。

三、人本主义理论

（一）人本主义理论概述

人本主义心理学是二十世纪五六十年代在美国兴起的一种重要心理学思潮，其主要代表人物是亚伯拉罕·马斯洛和卡尔·罗杰斯。这一心理学流派强调个体的主观体验、自我实现以及人的自主性和潜能。马斯洛最著名的贡献之一是提出了需求层次理论，该理论将人类需求分为五个层次，自下而上依次为：生理需求、安全需求、社交需求、尊重需求和自我实现需求。这一理论表明，人们只有在满足基本的需求后才会追求更高级的需求，最终追求自我实现和个人潜能的发展。马斯洛强调自我实现的概念，认为这是个体追求自身潜能和实现最高目标的过程。自我实现意味着个体不仅仅追求基本需求的满足，还追求个人成长、创造力和自我满足感。罗杰斯认为，人类具有自我实现的内在驱动力，这是一个追求个人潜能发展和个人成长的过程。他的研究关注个体的自我概念和自我认知，以及如何通过理解和满足个体的内在需求来实现自我实现。人本主义心理学的思想对全球范围内的教育改革产生了深远影响，被视为二十世纪三大教育运动之一，与程序教学运动和学科结构运动齐名。人本主义理论的教学观主要体现在以下几个方面：

1.个体的能力和动力

人本主义心理学强调每个人都具有发展自己的能力和动力，它认为个体具有自我实现的追求，即不仅追求满足基本需求，还追求个人潜能的充分发展。这一理念对教育意味着应该鼓励学习者积极参与、主动探索和实现自己的目标。

2.自我实现的重要性

人本主义心理学特别关注人的自我实现，这意味着个体可以选择自己发展的方向和价值观，并对自己的选择负责。在教学过程中，这意味着学习者应该被视为塑造自己未来的主体，而不仅仅是被动的接收者。

3.知觉与行为的关系

人本主义心理学认为个体的行为是其对世界的知觉和理解的产物。这一理念对教育意味着教师应了解学习者如何看待世界以及如何将这种认知转化为学习和行为。

在教育领域，人本主义心理学的核心原则对塑造教育实践产生了深远影响：

第一，人本主义教育理念强调教师应该将学习者看作是拥有各种各样的需求、能力和才能的独立个体。教师应该尊重学习者的自我概念和自尊心，创造温暖、友好、民主的交互环境，以便学习者能够更好地参与学习、进行自我发展。

第二，人本主义教育将学习看作是一个整体的过程，不仅仅是认知方面的活动，还包括情感、感情和技能的培养。学习的质量和过程比学习的数量与结果更为重要。

第三，人本主义教育鼓励学生分享观点、共同学习以及互相帮助，竞争性的评测和强制性的纪律应尽量减少，以便创造支持性和合作性的学习环境。

第四，学习者应该有更多的自由和选择权，以便能够根据自己的年龄和成熟水平决定学习内容和方式。这有助于激发学习者的学习兴趣和自主性。

第五，人本主义教育强调以生活经验、发现、探索和实验为基础的学习。学习不仅仅在课堂内发生，还涵盖了更广泛的生活体验。

（二）人本主义理论对高校商务英语教学的启示

人本主义理论给高校商务英语教学提供了重要的启示，强调个体的主体性和自主性，同时关注学生的情感、需求和自我实现。以下是人本主义理论给高校商务英语教学带来的具体启示：

1. 重视学生个体差异

人本主义理论强调尊重学生的个性和特长发展，高校商务英语教学应认识到学生具有不同的学习风格、兴趣和需求。教师应倾听学生的声音，了解他们的学习目标和兴趣，以便提供个性化的教学。

2. 建立积极的师生关系

人本主义理论强调师生关系的重要性。在商务英语教学中，教师应努力建立师生之间信任和尊重的关系，给学生提供更好的条件，鼓励学生积极参与学习过程。

3. 关注情感需求

商务英语学习可能涉及跨文化交流和商务场景的情境，因此情感和情感管理在教学中起着重要作用。教师应帮助学生克服语言焦虑感和沟通障碍，鼓励他们积极参与社交互动。

4. 鼓励自主学习

人本主义理论倡导学生的自主性和主体性，高校商务英语教学应该鼓励学生主动选择学习内容、制订学习计划，并自我监督学习进展。教师可以提供指导和支持，而学生应成为自己学习的主导者。

5. 强调实践与体验

商务英语是实际运用的语言技能，人本主义理论强调实验、发现、探索和生活经验的重要性。教学应该鼓励学生通过模拟商务场景、角色扮演和实际案例来运用所学知识，从而更深入地理解和掌握商务英语。

6. 个性化评价和反馈

人本主义理论强调评价过程的重要性，教师应关注学生的学习过程，提供个性化的反馈和指导。评价不仅应关注学习成果，还应鼓励学生主动思考和反思。

7. 终身学习观念

人本主义理论倡导终身学习，高校商务英语教学应激发学生的学习动力，使他们具备在职场中不断适应变化和提升自身的能力。

总之，人本主义理论强调学生的主体性、情感需求和自主性，为高校商务英语教学提供了重要的指导原则。教师在教学中应关注学生个体差异，建立积极的师生关系，鼓励学生自主学习，注重实践与体验，提供个性化评价和反馈，培养学生终身学习观念。

四、图式教学理论

图式理论（Schema Theory）是一种心理学理论，用于解释人类的认知过程和信息加工方式。这个理论强调人们在理解和记忆信息时使用的心理框架或结构。图式是一种认知结构，包含了有关特定概念、情境或经验的信息，并帮助个体组织和解释新的信息。

（一）图式的定义

图式（Schema）是一种认知结构或心理框架，用于帮助个体理解、解释和处理信息。这个概念最早由德国哲学家康德提出，后来在现代心理学中得到进一步发展和应用。图式是一种认知工具，有助于个体将新信息与已有的知识和经验相连接，从而更好地理解和处理新的情境或信息。

具体而言，图式可以被看作是大脑中的认知模式，它包含了关于特定主题、情境或概念的基本知识、期望和预期。当个体面对新信息时，他们就会试图将其与适当的图式相匹配，以便更有效地处理这些信息。如果新信息与图式相符，它们就会容易被接受、理解和记忆；而如果新信息与个体已有的图式不一致，可能就会引发认知冲突，促使个体思考、调整或扩展他们的图式。

图式会在认知心理学中起到重要作用，它们有助于解释为什么人们对信息的理解与记忆会受到他们先前的知识和经验的影响。此外，图式也可以影响人们的感知、决策和行为，因为它们可以引导个体对特定情境和信息的反应方式。

图式理论的发展可以分为以下两个主要阶段：

1. 早期格式塔心理学

格式塔心理学的奠基人是英国心理学家巴特莱特（Bartlett）。他在二十世纪二三十年代提出了早期的图式理论，被誉为图式理论之父。他的研究主要关注人们在阅读和记忆过程中，如何受到自己先前的经验和知识的影响。

巴特莱特认为，人们在处理新信息时，会根据自己的先前知识和经验对这些信息进行改造和重建。这意味着个体的先前经验会影响他们对新信息的理解和记忆，从而产生认知差异。

2. 现代认知心理学中的图式理论

现代图式理论的发展始于二十世纪七十年代中期，此时认知心理学开始兴起。主要代表人物包括鲁姆哈特和明斯基等。

鲁姆哈特进一步完善了图式理论，他将图式理论描述为一组相互作用的知识结构，以等级形式存储于记忆中。这些图式会影响个体对新信息的获取和处理，因此人们在认识新事物时会试图将其与已有知识相联系，以促进理解。

明斯基则引入了"框架"的概念，他认为知识以数据结构的方式存储在记忆中，这些数据结构被称为框架，用于表示特定领域的知识、观点和看法。框架帮助个体理解和组织信息，同时会影响他们的认知和决策过程。

（二）图式的功能

图式具有多种重要功能，它们在认知心理学中发挥着关键作用。

1. 构建功能

图式是个体在学习和理解新信息时，基于已有知识和经验构建新的认知结构的工具。人们不是简单地将外部信息直接接收，而是通过与已有图式互动，将新信息整合到已有认知框架中，从而形成新的理解。

2. 搜索功能

图式帮助人们更有效地搜索和获取信息。通过已有的图式，个体可以预测和期望特定类型的信息，这有助于快速定位和识别相关内容。图式可以提供信息搜索的指导。

3. 剪辑功能

图式在信息处理中具有筛选和抽象的功能。个体根据自身的图式，选择性地接收和过滤信息，将其简化和抽象，以符合已有认知结构的需求。

4. 预测及推理功能

图式可以用于预测和推理。一旦外部信息激活了特定的图式，个体就可以根据图式中的知识和经验，做出对未来事件的预测和推理。图式有助于在不完整信息的基础上填补空白，从而帮助做出合理的推断。

5. 迁移作用

良好的认知图式可以促进知识的迁移。当个体在一个领域建立了有效的图式后，这些图式可以被迁移到其他相关领域，帮助理解和运用新知识。

（三）图式理论在高校商务英语教学中的运用

商务英语作为一门语言学科，不仅注重语言技能的培养，还强调社会交际技能，尤其在当前跨文化商务交流的背景下更加重要。在商务英语学习中，理解输入的语言材料非常重要，因为这直接会影响学生的语言运用水平。然而，学生在面对新信息时，需要将其与已有的概念、经验等进行关联和整合，这通常由图式理论来解释。图式理论指出，人们在理解新事物时，会将新信息与大脑中已有的概念和经验相匹配，同时会与相关知识相联系，这些既有的图式会对新事物的理解产生影响。当新信息与已有的图式相符时，它会激发感知器官并在大脑中留下印象，就像图片一样存储在记忆中，虽然内容各不相同，但它们之间有联系。

图式理论在商务英语教学中的运用弥补了学生理解输入材料的不足，从而提高了学习效率。学生通过与已有的图式建立联系，更容易理解商务英语中的专业术语和概念。此外，图式理论的发展也改变了传统的商务英语教学方式，激发了学生的求知欲望，提高了教学质量。通过将新知识与学生已有的图式相结合，教师可以更好地传授商务英语知识，使学生更深刻地理解和运用这些知识，有助于他们在商务领域取得成功。因此，图式理论为商务英语教学提供了有力的理论基础和实践方法，促进了学生的综合素质提升。

美国语言学家卡莱尔在二十世纪八十年代发表了一篇重要的论文，探讨了图式理论以及图式在二语习得中的作用，尤其是对阅读理解的影响。卡莱尔最初将图式分为两大类，即内容图式和形式图式，他认为这两种图式在母语和第二语言学习的理解过程中都会扮演重要角色，并且相互影响。后来，卡莱尔对图式进行了进一步分类，提出了语言图式的概念，将图式分为三大类，包括语言图式、内容图式和形式图式。这三种图式在理解文章时相互协调和交互作用，可以帮助读者更好地理解语篇。语言图式关注文章中的语言使用，内容图式关注文章的主题和内容，形式图式则涉及文章的表现形式和结构。卡莱尔的图式分类在国内受到了广泛的认可和应用，许多研究学者和英语教师都基于这一分类进行了相关研究。在外语教学和翻译方面，图式理论的运用都以卡莱尔的三种图式类型为基础。

图式理论在商务英语教学中具有重要的应用价值，可以帮助学生更好地理解和运用商务英语知识。下面就按照卡莱尔对图式的分类，从语言图式、内容图式和结构图式的角度进行分析：

1. 语言图式

语言图式是指与语言和文本理解相关的知识结构。语言图式可以帮助人们理解语言的语法、词汇、语境和句法结构。语言图式包括关于语言规则、语法结构、词汇意义、语义关系等方面的知识，这些知识帮助人们正确解释和理解语言信息。

在商务英语教学中，语言图式的运用有助于学生更好地理解英语的语法和句法规则，提高他们的写作和口语表达能力。通过构建语言图式，学生能够正确地构建句子和短语，更准确地运用语法知识。此外，语言图式也有助于学生记忆和理解商务英语中的专业词汇与术语，使他们能够在商务沟通中更加自信地运用这些词汇。

2. 内容图式

内容图式是指关于特定主题或领域的知识结构，用于理解和处理特定领域的信息。这种图式包括有关事物属性、事件、概念和主题的知识，帮助人们将新信息与已有的领域知识相关联。通过内容图式，学生可以构建关于商务领域的知识结构，包括商务概念、原则和实践。这有助于学生更深入地理解商务领域的知识，为其未来的商务工作打下坚实的基础。此外，内容图式也有助于培养学生的跨文化意识，使他们能够更好地理解不同文化之间的差异，从而更方便地进行国际商务交流。

3. 结构图式

结构图式是指更为通用的认知知识结构，它们涉及思维、问题解决、知觉和记忆等认知活动的通用规则和模式。这些图式包括关于信息处理、推理、分类、记忆存储和决策制定等认知过程的知识。

在商务英语教学中，结构图式有助于学生构建有效的商务沟通和写作策略，使他们能够更清晰地组织和呈现商务信息。此外，结构图式还可以培养学生的解决问题和制定决策能力，使他们能够在不同商务情境下运用结构图式，更好地应对挑战。同时，结构图式有助于学生处理和记忆商务信息，增加信息处理和记忆技巧，如整理市场数据和组织会议记录等。

综上所述，图式理论在商务英语教学中通过语言图式、内容图式和结构图式的运用，帮助学生更好地理解商务英语知识，提高语言运用能力，培养跨文化交流技能，并提高解决问题和制定决策能力，从而为他们在商务领域的成功奠定坚实的基础。这种综合运用使商务英语教学更加全面和实用。

第三节　商务英语教学的重要性与挑战

商务英语作为英语教育领域中的一个重要分支，扮演着关键的角色，是连接着语言学习和商业实践之间的桥梁。在全球化和数字化时代，商务英语的重要性日益凸显，无论是在国际贸易、跨文化交际还是全球市场竞争中，都已成为商务英语专业人才成为不可或缺的技能。因此，商务英语教育不仅关乎个体的职业发展，也直接关系到国际商务的繁荣和发展。

一、商务英语教学的重要性

（一）满足国际商务需求

在过去几十年里，全球商业环境发生了巨大变化，国际贸易、跨国公司和全球供应链的发展呈现爆发式增长，这导致了全球商界的深度互联互通。商务交流已经成为全球商业活动的核心，因为公司需要与来自不同国家、不同文化背景的合作伙伴进行有效的沟通，无论是在跨国谈判、国际市场扩张还是全球供应链管理方面。

在全球化商业环境中，商务英语已经成为一种通用语言。这是因为英语是国际商务中最广泛使用的语言之一，许多商业文件都使用英语。因此，掌握商务英语已经成为企业家、商务专业人士的基本要求。这不仅包括口头交流，还包括书面沟通的能力，如电子邮件和合同的书写等。

对企业来说，国际市场提供了巨大的增长机会。然而，要想在国际市场上获得成功，企业就要能够与外国客户建立联系、了解他们的需求。掌握商务英语使企业能够充分利用这些机会，与国际客户进行高效沟通，建立信任，最终扩大业务范围。国际商务涉及各个国家的法律法规，包括贸易法、税法、知识产权法等。商务英语能够帮助从业者更好地理解和遵守这些法律法规，以避免法律纠纷和商业风险。此外，商务英语也在国际仲裁和争端解决中发挥着关键作用。

全球商业活动的增加使商务英语教育变得至关重要。企业需要员工能够与国际客户、供应商和合作伙伴进行高效沟通。商务英语教学使学生能够掌握专业用语和沟通技巧，以满足国际商务需求。

（二）掌握好商务英语能够增加就业竞争力

在当今全球化的职场中，跨国公司和国际组织日益增多。这些组织通常使用英语作为工作语言，因此具备商务英语技能成为商务专业人员入职的基本要求。国际化职场要求具有专业的沟通模式，确保信息传递准确无误，因此良好的商务英语能力对国际商务人员处理国际业务至关重要。

许多企业要求员工可以在不同部门之间进行有效的沟通和合作。这包括销售团队与客户、技术团队与开发者、市场营销团队与广告代理等。商务英语技能使员工能够更轻松地与不同专业背景的同事协作，促进跨部门项目的成功实施。

商务英语专业的学生，其职业目标包括国际市场拓展或拥有更多跨国公司的职位，国际商务涉及与来自不同文化和语言背景的合作伙伴进行业务谈判、签署合同、撰写报告等。具备商务英语技能不仅有助于增加与国际商业伙伴的信任，还有助于确保业务交流的准确性。

此外，商务英语技能还可以帮助员工扩展职业机会。许多跨国公司更愿意提拔那些能够有效沟通的员工，因为这有助于公司在国际市场上获得成功。一些职位可能会要求员工在全球范围内出差或与国际客户进行频繁的交流。在这种情况下，拥有良好的商务英语技能将成为商务专业人员获得这些职位的竞争优势。

掌握商务英语技能不仅仅是为了在职场上获得竞争力，还可以增加个人的自信心。当员工能够用流利的英语与他人交流时，他们会更自信地处理各种商业情境，包括会议、谈判和演讲。

综上所述，商务英语技能对增加职业竞争力至关重要。它不仅是一种职业优势，还为职业发展提供了更广泛的机会，特别是在国际化职场中。因此，开展有效的商务英语教学提高商务英语技能是一项明智的决策，可以促进学生的职业生涯发展。

（三）商务英语是国内企业"走出去"的重要工具

商务英语是国际商务的通用语言，能够作为连接国内企业与外国企业之间的桥梁。当国内企业商务人员能够用流利的英语与外国企业商务人员进行沟通时，这种语言沟通的便捷性可以促进更紧密的国际合作。

商务英语教育有助于中国国内企业商务人员提高商业谈判的能力。在与外国企业进行合作洽谈时，双方通常需要就合同的价格、交付条款等关键问题进行详细讨论。商务人员能够用英语流利地表达自己的意见、理解对方的立场，并达成互利的协议，对商业谈判的结果至关重要。

外国企业通常更愿意与中国国内企业进行合作，如果他们看到国内企业的员工能够有效地使用商务英语，这会增加外国企业对合作的信心。这有助于吸引更多的外资，推动国内企业的发展。通过掌握商务英语，国内企业可以更好地进入国际市场。这不仅涵盖了出口和国际贸易，还包括与外国客户建立联系、寻求国际合作伙伴、扩展全球供应链等。商务英语能够帮助国内企业在国际舞台上取得竞争优势，实现更广泛的市场拓展。

商务英语是中国国内企业"走出去"并促进国内企业与外国企业合作的重要工具。它有助于建立更紧密的国际合作关系，提高商业谈判能力，吸引外资，拓展国际市场，减少文化误解，为国内企业在国际舞台上取得成功创造了有利条件。因此，高校应当重视商务英语教学，以更好地应对全球化商业环境的挑战和机遇。

（四）商务英语能促进国际合作与沟通

在当今全球化的商业环境中，跨国公司越来越多，全球供应链互相交织。在这个环境中，商务英语成为一座桥梁，帮助来自不同国家和文化背景的人们有效地进行沟通和合作。无论是在国际会议、跨国谈判还是全球市场上，商务英语都发挥了关键作用。

国际合作通常涉及多方之间的协商与合作伙伴关系的建立。通过学习商务英语教育使人们能够更好地理解合作伙伴的需求、期望和意图，并能够以清晰、明确的方式表达自己的想法。这有助于建立顺畅的国际合作伙伴关系，从而推动项目的成功实施。

商务英语教学通常包括跨文化沟通的内容，帮助学习者了解不同文化之间的差异，并教授如何在跨文化环境中进行有效沟通。这对避免产生文化误解、尊重不同文化的表现方式以及建立跨文化信任至关重要。因此，商务英语教学能帮助人们跨越语言和文化障碍，促进国际合作。

（五）推动我国经济一体化进程

商务英语教育在我国的经济社会发展和促进国际合作方面发挥着重要作用。第一，良好的商务英语环境有助于推动国际贸易的发展。作为全球最大的制造业出口国之一，我国的经济与国际市场紧密相连。通过流利的商务英语，我国企业能够更加顺畅地与国际客户进行贸易往来，可以促进国际贸易的发展。

第二，学习商务英语能够帮助企业吸引外资投资。我国正在积极吸引外资，以促进国内产业的发展。一个良好的商务英语环境可以吸引外国投资者，因为这样会更方便其与我国企业进行交流和合作。外资的流入将促进我国企业与国际市场更紧密地连接在一起，提升我国企业的国际竞争力。

第三，学习商务英语可以提高我国企业的国际竞争力。我国企业要在国际舞台上顺利运营，商务英语能力是关键因素之一。它使我国企业能够更好地与国际客户合作，参与国际市场竞争，进而提高产品和服务的质量，从而增强企业国际竞争力。

第四，商务英语在国际合作项目中发挥着关键作用。我国参与建设许多国际性的基础设施和商业项目，这些项目通常需要与外国合作伙伴密切合作。通过流利的商务英语沟通，能够更高效地管理和推进这些项目，从而促进我国与国际合作伙伴之间的紧密合作。

第五，商务英语教育有助于培养更多的国际经贸人才，他们将具备与国际伙伴更好合作的能力，为我国的国际化发展提供人才支持。推动我国经济在全球舞台上获得更大的成功。

商务英语的发展和良好的商务英语环境对推动我国经济的国际化进程至关重要。它有助于促进国际贸易发展、吸引外资、提高企业竞争力、开展国际合作项目，可以为我国经济在全球舞台上取得更大成功提供有力的人才支持。

二、商务英语教学面临的主要挑战

（一）学生英语基础差异大

学生英语基础差异主要表现在以下几个方面：

1. 英语水平不均匀

在商务英语课堂上，学生的英语水平可能差异很大。一些学生的英语可能已经具备较高水平，而另一些可能仅具备基本的英语知识。这种差异会导致一些学生感到无法跟上教学进度，同时让教师难以满足不同学生的需求。

2. 学习动机差异

学生的学习动机会影响他们的学习进程。一些学生可能因工作或职业发展需要积极参与商务英语课程，他们可能更有动力去学习。另一些学生可能仅将商务英语视为学校课程的一部分，学习积极性不高。这种差异可能导致在学习过程中各位学生的参与度和投入度不同。

3. 学习风格差异

学生的学习风格和方法各不相同。一些学生可能更适应口语交流，而另一些可能更喜欢书面材料和阅读。商务英语课程通常需要涵盖多种技能，包括听、说、读、写，因此，教师需要面对不同学习风格的学生，确保他们都能获得有效的学习经验。

4. 时间和资源限制

商务英语教学通常在一定的时间框架内进行，这可能会限制教师在满足不同学生需求方面的灵活性。教师需要在有限的时间内平衡不同学生的需求，这可能会增加教学的难度。

（二）部分教师的教学理念和商务英语能力需要提升

商务英语教学面临的第二个重要挑战是部分教师的教学理念和商务英语能力需要提升。这一问题表现在以下几个方面：

1. 商务英语水平不足

一些教师可能在商务英语方面的专业知识和语言技能方面存在不足。商务英语需要丰富的专业知识，包括商业术语、行业知识和对文化差异的理解。如果教师的商务英语水平不足，就可能难以为学生提供高质量的教授服务。

2. 教学方法和资源不足

一些教师可能没有足够的商务英语教学经验，或者缺乏有效的教学方法和教材。商务英语教学通常需要使用真实的商业文档和情境，以便学生在实际工作中运用所学知识。如果教师缺乏这些资源或不知如何使用它们，教学质量可能就会受到影响。

3. 更新知识的需求

商务领域不断演变，新兴行业和商业模式不断涌现。因此，教师需要不断更新自己的商务知识，以确保他们的教学内容和案例研究与现实世界保持同步。对一些教师来说，这可能需要额外的时间和努力。

（三）教学设施条件及教学资源还有待完善

商务英语教学面临的第三个挑战是教学设施条件和教学资源不足。

1. 不足的教学设施

一些学校或教育机构可能缺乏适当的教学设施，如现代化的语音实验室、多媒体教室或商务交流培训中心。这些设施对商务英语教学至关重要，因为它需要涉及听、说、读、写多种技能，有时需要使用视频会议技术模拟真实商务交流活动。

2. 缺乏最新的教材和技术

商务英语的教学需要使用最新的商务案例、模拟场景和行业资讯。如果一些学校或机构不能提供更新的教材和技术资源，就会导致教学内容过时，无法满足学生在实际商业环境中的需求。

3. 有限的外语交流机会

商务英语教学需要强调口语和沟通能力的培养，而学生往往缺乏与英语母语者交流的机会。不足的英语交流机会可能会限制学生的口语表达能力的提高。

4. 师资力量不足

一些学校可能缺乏经验丰富的商务英语教师。商务英语需要教师具备商业知识和语言技能，以便有效地传授相关内容，师资力量不足往往会影响教学质量。

（四）考核方式传统，注重结果而非过程，难提升学习动机

商务英语教育面临的第四个问题是过于结果导向，而忽视了学习过程。传统考核方式通常以最终成绩或考试结果为重点，这使得学生过分注重取得高分，而不是在学习过程中深入理解和积累知识与技能。学生往往只关心如何在考试中表现出色，而不是真正关心商务英语的运用与实践。这种结果导向的评估方式会削弱学习动机，降低学习兴趣，限制学生的综合能力发展。另一个问题是传统考核方式往往缺乏及时的反馈。学生只有在等到考试结束后才能了解自己的表现，这会限制他们及时发现问题、调整学习计划的机会。缺乏反馈会导致学生无法积极参与学习过程，从而会影响他们的学术进步。

（五）企业参与度不足，难建立真实商务环境

商务英语教育面临的第五个挑战是企业参与度不足，难以建立真实的商务环境。商务英语的教学需要涉及真实的商业案例和情境，以使学生能够在实际工作中运用所学知识和技能。然而，一些商务英语课程缺乏与企业合作的机会，导致教学内容偏离实际商务环境。学生往往需要更多的实践机会来模拟商务交流、会议、谈判和沟通等实际情境。由于企业参与度不足，学生就会错失体验真实商业环境的机会，这使他们在毕业后难以适应职场要求。企业参与度不足还可能导致学生缺乏对特定行业和市场的深入了解。商务英语教育应该与不同行业的企业合作，以提供行业内的分析和案例研究，帮助学生更好地理解商业

背景。

三、应对措施

为了应对商务英语教育面临的挑战，有一系列重要的应对措施可以采取，以提高教育质量和学生的综合能力。

第一，引入灵活多样的教学模式。商务英语课程可以采用不同的教学方法，包括小组讨论、案例研究、角色扮演和实地考察等，以满足不同学生的需求。这种多样性的教学模式有助于个性化教学，让学生更好地理解和运用商务英语知识，提高他们的学习积极性。

第二，提高教师的商务英语水平和教学能力至关重要。教师应接受商务英语培训，以提高他们的商业知识和语言技能。同时，提高教师的教学能力，包括课堂管理、学生互动和评估技能，有助于提供更高质量的教育服务。

第三，完善硬件设施和优化软件资源。学校和机构应投资现代化的教学设施，如多媒体教室、语音实验室和商务交流模拟中心，以提供更好的教学环境。同时，确保学校使用最新的商务英语教材和资源，以反映当前的商业环境和趋势。

第四，创新考核方式是提高学习动机和学习过程管理的关键。除了传统的考试，还采用多元化的评估方法，如项目、演示、口头报告和实际应用，可以更全面地评估学生的商务英语能力。提供及时的反馈和学习机会，让学生了解自己的学习进展，并鼓励他们积极参与学习。

第五，鼓励企业参与是实现商务英语教育教学实际性和逼真性的关键。学校和机构应积极寻求与企业建立合作关系，以提供实际案例的引入和学生实习机会。

第三章 高校商务英语教学课程设置与教材选择

第一节 商务英语课程设置的原则

随着全球化的加速和国际商务活动的开展,商务英语在全球范围内的重要性日益凸显。为了让学生更好地适应这一趋势,优化商务英语课程设置,提升教学效果显得尤为重要。本节将探讨商务英语课程设置的原则,并提出相应的策略和建议。

一、课程设置的含义

课程设置是指根据教育目标和学习需求,将一门课程或教育项目的内容和结构进行规划与安排的过程。课程设置涉及决定课程的主题、课程内容、教学方法、教材和资源的选择,以及课程时间表和评估方式等方面的决策。课程设置旨在确保教育项目或课程能够达到既定的学习目标,并为学生提供最有效的学习体验。课程设置主要包括以下几个部分:

1.学习目标的明确性

课程设置需要明确学习目标,即希望学生在课程结束后能够达到的知识水平、技能和能力。这些目标应该与课程的性质和学生的需求相匹配。

2.内容的选择和组织

课程设置包括选择教师要教授的内容,并将其组织成一个有逻辑结构的课程体系。内容选择应与学习目标一致,并确保内容的连贯性和完整性。

3.教学方法和策略

课程设置需要确定适当的教学方法和策略,以确保学生能够有效地达到学习目标。这可能包括讲座、小组讨论、实验、项目工作、在线学习等多种教学方法的组合。

4.教材和资源的选择

课程设置涉及选择合适的教材、学习资源和技术工具,以支持教学和学习活动。这可以包括教科书、在线课程内容、多媒体资源、实验室设备等。

5. 时间表的制定

课程设置需要确定课程的时间表，包括课程的持续时间、上课时间、考试和评估时间等。时间表应该充分考虑学生的时间安排和学习负担。

6. 评估和反馈机制

课程设置包括确定如何评估学生的学习成果，并提供反馈的方式。这可以包括考试、作业、项目评估、口头表现等评估方法的选择和设计。

7. 学生参与和反馈

课程设置应考虑学生的参与和反馈。学生可以在课程设计过程中提供反馈，以帮助教师改进课程内容和教学方法，提高教学质量。

总之，课程设置是教育计划的关键部分，它涉及各个方面的决策，以确保教育项目或课程的有效性和质量。通过严谨的课程设置，教育者可以确保学生获得有组织、有计划的学习体验，有助于他们达到学习目标。

二、商务英语课程设置的基本原则

（一）需求性原则

商务英语课程的目标是使学生能够在实际商务环境中成功运用英语，因此课程的设计应该以学生的需求为出发点。

首先，课程设计者需要进行学生的需求分析。这包括了解学生的背景，如他们的专业领域、职业经历，以及他们希望在商务英语方面达到的目标。这些信息对确定课程的内容和教学方法至关重要。基于学生的需求，课程内容应该被量身定制。这意味着课程应该涵盖与学生职业领域相关的主题和词汇。例如，如果学生主要在国际贸易领域工作，课程内容应该包括与国际贸易相关的商务英语技能，如谈判、合同撰写等。

考虑到学生的英语水平，课程应该适应不同水平的学生。这可能包括分级课程，以确保初学者和高级学生都能从课程中受益。为了帮助学生在实际商务环境中运用英语，课程可以包括实际案例研究和模拟商务场景。这将使学生能够在课堂上练习英语技能，并将其运用到真实的商务情境中。课程设计者应该保持与学生畅通的反馈渠道，以不断调整课程内容和教学方法。这有助于课程始终满足学生的实际需求，并保持与商务英语领域的发展趋势同步。

总之，需求性原则在商务英语课程设计中起着关键作用，它确保课程不是一种静态的模板，而是根据学生的需求和实际情况进行不断调整和改进，以确保学生能够在商务环境中方便地运用英语。这种个性化的方法有助于提高学生学习的效果。

（二）实用性原则

实用性原则强调商务英语课程的实际应用性，使学生能够在工作中立即受益。通过强调真实的商务情景、商务文书写作和口语沟通技能的培养，学生将能够更自信地应对商务挑战，提高他们在商务领域的竞争力。

商务英语课程应该反映真实的商务场景。这意味着课程内容应包括商务交流、商务会议、商务电话、商务邮件和报告写作等。学生需要学会如何与客户、同事和上级进行有效的沟通，以及如何参与商务会议和谈判。教材和课程设计应包括真实的商务案例和模拟情境。学生可以通过分析真实案例来了解商务英语在实际工作中的运用，或者通过模拟商务场景来培养他们的技能。这样的练习有助于学生更好地准备应对实际挑战。

商务英语课程应注重商务文书写作，如商务报告、商务计划、商务信函等。学生应该学会如何撰写清晰、准确、专业的商务文档，以便在工作中与客户进行有效的沟通。实际运用包括口语和听力技能的培养。学生需要能够流利地表达自己的想法，同时理解他人的意图。因此，课程应该包括口语练习和听力理解的内容。课程设计应考虑特定行业的要求。不同行业可能有不同的商务英语需求，因此课程内容应根据学生的行业背景进行调整。例如，在金融领域工作的学生可能需要专注金融英语的术语和技能。教师可以模拟实际商务场景，如角色扮演商务会议或客户洽谈，然后提供反馈和建议。这样的实践有助于学生在真实情景中锻炼技能，并同时提高他们的业务能力。

（三）系统性原则

系统性原则是为了确保商务英语课程具有内在的逻辑和连贯性，使学生能够在学习过程中构建自己的商务英语知识体系。

系统性课程应该经过仔细规划，以确保各个部分有机地连接在一起。课程内容应该按照一定的逻辑顺序进行安排，以便学生能够逐步建立知识体系。例如，课程可以从基础的商务英语语法和词汇开始，逐渐深入到商务沟通、商务写作和商务谈判等高级主题。

课程设计者应该考虑到知识的层级结构，确保学生在掌握基本知识的基础上逐渐进阶。这有助于学生打下坚实的语言基础，并逐步提高他们的商务英语技能。课程的各个部分应该与整体目标和主题一致。这意味着不同的课程单元或主题应该相互衔接，以形成一个完整的商务英语框架。例如，在学习商务邮件写作后，学生可以进一步学习如何在商务邮件中进行有效的沟通。在课程中使用的案例和实例应该与课程内容相一致，并在不同的单元之间建立联系。这有助于学生将所学知识运用到不同的情景中，并更好地理解商务英语的逻辑关系。

系统性课程应该包括定期的评估和反馈机制，以分析学生在不同阶段的学习进展。这有助于教育者调整课程内容和教学方法，以满足学生的需求。

在课程的最后阶段，可以设计综合性项目或商务场景模拟，要求学生综合运用他们在整个课程中学到的知识和技能。这有助于巩固他们的学习内容，同时展示他们的商务英语应用能力。

（四）科学性原则

商务英语课程设计应遵循科学性原则，这一原则强调课程的有效性和质量应基于教育科学及语言教育研究的最新成果。

第一，课程设计者应该依赖教育研究的发现来设置课程。这意味着他们需要了解教育心理学、教育技术和语言习得研究领域的最新发展，以确保选择最合适的教学方法和策略。

第二，在商务英语课程中课程设计者应采用经过科学验证的教学方法。这包括互动式教学、问题解决式学习、合作学习等方法，这些方法在语言教育中已被证明非常有效。通过选择这些方法，可以提高学生的学习效率和质量。

第三，科学性原则强调了有效的评估方法的重要性。教育者应使用定期的测验、考试和写作等评估工具，以评估学生的学习成果。这些评估结果不仅有助于分析学生的学习情况，还可以指导教育者调整教学方法和材料，以满足学生的需求。

第四，个性化学习是科学性原则的一部分。教育者应该了解学生的不同学习需求，并根据这些需求调整教学方法和材料。这有助于提高学生的学习体验和成绩。

第五，科学性原则鼓励教育者不断改进课程内容。课程应该是动态的，根据不断的评估和反馈进行调整与改进。这种持续的改进可以确保课程内容始终保持与最新研究成果和学生需求的一致性。

总之，科学性原则在商务英语课程设计中提供了坚实的理论基础，有助于确保课程是有效的、高质量的，并能够满足学生的学习需求。通过运用教育科学和语言教育研究的最新成果，教育者可以提高课程的质量和教学效果，帮助学生更好地掌握商务英语技能，为他们在商务领域取得成功打下坚实的基础。

三、商务英语课程设置的优化原则

（一）个性化原则

个性化原则在教育领域具有重要意义，特别在商务英语课程设计中更是不可或缺的。

首先，个性化原则强调了学生的多样性。每位学生都有自己的背景、学术目标和英语水平。有些学生可能是商务专业的本科生，需要更高级的商务英语技能，以便将来在职场中表现出色；有些学生可能是初学者，需要从头开始学习商务英语。为了满足不同学生的需求，教育者应该提供个性化的学习计划。这可能包括根据学生的英语水平和学术目标为他们安排适当难度的课程。对高级学生来说，课程可以更注重专业领域的商务英语，如金融、市场营销或国际贸易等；对初学者来说，课程可以从基础的商务英语语法和词汇开始，逐渐提高难度。

其次，个性化的课程还可以包括个别辅导和定制化的学习资源。教育者可以与学生一对一合作，根据学生的需求和学习风格提供不同的指导与支持。另外，教育者还可以根据学生的兴趣和职业需求，提供特定领域的学习材料和案例研究，以帮助他们更好地运用商务英语技能。

最后，个性化的教学方法可以提高学生的学业成绩和职业发展潜能。通过满足每位学生的不同需求，教育者可以确保他们充分发挥潜能，更自信地运用商务英语技能。这种定制化的教育方法不仅有益于学生个人的成长，也有助于提高整个商务英语课程的质量和声誉。因此，个性化原则在商务英语教育中具有重要价值，应得到广泛采纳。

（二）灵活性原则

商务英语课程设置应该具有灵活性，以适应不断变化的学习环境和教育技术。

首先，商务英语课程应该采用灵活的教育模式。例如，混合式教学模式，已经被证明在商务英语教育中非常有效。这种模式允许学生在课堂上获得面对面的教育，同时还可以通过在线平台获得额外的学习资源和任务。这种灵活性使学生能够更好地管理他们的学习时间和掌握其学习进度。再如，在商务英语教学中使用在线学习平台和虚拟教室。这些工具使学生能够随时随地访问课程内容，无论是在家中、在工作场所还是在路上。这为学生提供了便利，使他们能够更容易地融入商务英语课程。

其次，课程内容应该具有灵活性，以适应不断变化的商务趋势和技术发展。商务领域的新兴趋势和技术可能会影响到商务英语的使用方式和需求，因此课程设计者需要及时调整内容，确保它与实际情况保持一致。这可能包括增加新的商务场景、案例研究或技术相关的内容。

最后，学生应该有机会选择适合他们学习风格和时间安排的课程选项。这可以包括不同难度级别的课程、不同的学习速度选项，以及根据兴趣和职业需求定制的课程。通过提供多样化的选项，学生可以更好地满足自己的学业和未来职业需求。

总的来说，灵活性原则有助于确保商务英语课程保持现代化和具有吸引力。适应新的教育技术和变化的商务环境，使课程内容和教学方法能够满足不同学生的需求，提高课程的实用性和有效性。通过采用灵活性原则，商务英语课程可以更好地适应学生不断变化的学习需求，为学生提供更具价值的学习体验。

（三）发展性原则

商务英语课程应该具有渐进性和层次性。首先，商务英语课程应该被组织成一个逐渐发展的体系。这意味着课程内容应该根据学生的英语水平和学术目标，分为初级、中级和高级等不同级别的课程。每个级别都应有明确的学习目标和要求，以确保学生可以逐步提高他们的商务英语技能。

课程内容应按照逐渐增加的难度和复杂度进行排列。初级课程可以侧重基础的商务英语语法和词汇，中级课程可以涵盖更多的商务交流和写作技巧，而高级课程可以包括商务沟通和专业领域的英语技能。这种渐进性的安排有助于学生逐步构建坚实的商务英语知识体系，并逐渐提高他们的业务能力。

发展性原则鼓励教育者在每个级别的课程中为学生提供具体的学习支持和反馈。这可以包括定期测验、评估和反馈，以帮助学生了解自己的学习进展并改进他们的学习计划。学生应该能够在每个阶段看到他们的成长，这有助于增强他们的学习动力和自信心。

发展性原则可以促进学生的持续学习和自我发展。一旦学生完成了商务英语课程的一部分，他们就可以选择进一步学习更高级的课程或专业领域的英语技能。这有助于他们不断提高自己在商务领域的职业竞争力。

总之，发展性原则有助于确保商务英语课程是有序和适应学生需求的。通过提供渐进性和层次性的课程，教育者可以帮助学生打下坚实的商务英语基础，逐步提高他们的技能，并促进他们的持续发展。这种有计划的课程设置有助于提高学生的学业成绩和职业竞争力。

（四）以生为本原则

商务英语课程应该以学生的学习和发展为中心。

第一，以生为本原则要求教育者要深入了解每位学生的个体差异。这包括学生的学术背景、学习风格、兴趣和学术目标等方面的差异。了解这些差异有助于教育者为每位学生提供个性化的学习体验，满足他们的需求。

第二，课程设置和实施应该是学生导向的。教育者应该聆听学生的声音，考虑他们的反馈和建议，并根据需要调整课程内容和教学方法。学生参与课程设置和评估过程可以增强他们的学习动力和投入感，提高他们的满意度和学业成绩。

第三，以生为本原则强调创造支持性和鼓励性的学习环境。这包括提供学术支持、心理支持和资源支持，以帮助学生克服学习困难，发挥潜力。教育者应该鼓励营造积极的学习氛围，促进学生之间的合作和互动，以及培养学生的自主学习能力。

第四，以生为本原则鼓励教育者关注学生的整体发展。商务英语课程不仅仅是语言技能的培养，还应该关注学生的跨学科能力、沟通技巧和职业发展潜力。通过提供综合性的学习经验，商务英语课程可以帮助学生在职业生涯中取得更大的成功。

（五）与国际接轨原则

商务英语课程应该与国际商务实践和标准接轨。商务英语课程应该反映国际商务环境的需求和趋势。这包括教授国际商务交流的技能，如跨文化沟通、国际商务会议、商务谈判和国际市场营销等。学生应该了解国际商务法律和法规、国际商务伦理和国际市场趋势等相关内容，以为其将来的国际商务职业生涯做好准备。

商务英语课程内容和案例研究应该基于真实的国际商务情景。通过学习实际案例和模拟国际商务活动，学生可以更好地理解和运用商务英语技能。这有助于增加他们在实际工作中的自信和更加有竞争力。另外，商务英语课程还应该注重国际化的教育资源。这包括引入国际商务专家、国际商务期刊和跨文化交流机会。学生应该有机会参与国际实习或交换项目，以积累国际商务经验。

与国际接轨的课程不仅有助于学生在国际商务领域取得成功,还有助于提高商务英语课程的声誉。企业在招聘时通常更倾向选择具备国际经验和背景的国际商务专业人才。因此,这种与国际接轨的课程可以增加学生的竞争力,使他们更容易找到国际商务领域的工作机会。

第二节 商务英语教材建设与选择策略

全球化的商业环境使得商务英语的教学和学习变得越来越重要。然而,一门完善的商务英语课程必须有优质的教材作为支撑。教材不仅是学生学习的主要资源,也是教师教学的重要工具。因此,如何建设和选择适合的商务英语教材,就成为广大师生必须面对的问题。

一、教材的定义

教材是教育过程中至关重要的工具,用于向学生传授知识、技能。它包含了信息、符号和媒介这三个基本要素,旨在促进学习和教育目标的实现。教材的定义在广义和狭义两个层面上具有不同的解释:

广义的教材涵盖了多种教育资源和工具,不仅限于传统的教科书。它包括了学生和教师在课内或课外使用的各种教材和学习材料,其中包括但不限于:

(1)教科书。教科书通常是一门课程的核心材料,提供了系统化的教学内容,包括理论知识和原理。教科书的编写和设计旨在满足学生的特定学习目标。

(2)练习册。通过练习和运用所学知识来巩固与强化他们的技能。它们通常包含了练习题和答案,有助于学生自主学习和评估。

(3)教辅材料。包括辅助教育的各种材料,如图表、图像、实验设备、模型等,用于说明和展示特定概念或现象。

(4)多媒体资源。随着技术的进步,多媒体资源如视频、音频、互动模拟和在线内容在广义的教材中占据重要地位,丰富了学习体验。

(5)幻灯片和投影仪。这些工具用于在教室环境中展示图像、文本和多媒体内容,以支持教师的讲解和演示。

(6)网络资源和在线学习平台。现代教育中广泛使用的数字教材,如交互式课程、在线教程和电子书籍等。

综上所述,广义的教材包括各种形式和媒介的学习资源,旨在满足学生的不同需求,支持他们的学习和知识的获取。

狭义的教材通常指的是教科书,它是一门课程的核心材料,包含了特定主题或领域的详细信息、概念和知识。狭义的教材具有以下特点:

（1）系统性。教科书通常按照课程的结构和学习目标组织信息，以确保内容的逻辑性和连贯性。

（2）教育性。教科书的编写旨在教育和启发学生，提供了深入的知识和信息。

（3）标准化。教科书通常经过精心设计，以满足一定学习标准和教育要求，因此被广泛采用。

（4）评估工具。教科书通常包含问题、练习题和案例研究，用于评估学生的理解和运用能力。

尽管狭义的教材通常是书籍的形式，但它们在教育中仍然具有不可替代的地位，因为它们可以提供系统化的教学内容，有助于学生获得深入的知识和理解。

二、高校商务英语教材的重要性与角色

商务英语教材在高校商务英语教育中扮演着重要的角色，具有不可忽视的重要性。

（一）提供基础知识和技能

商务英语教材是学生获取商务英语基础知识和技能的主要渠道。它们包括语法、词汇、商务沟通、商务写作等基础内容，为学生提供了必要的理论知识和语言工具。

（二）构建课程结构

商务英语教材帮助构建课程的结构和内容框架。它们根据学校或课程的要求，组织商务英语知识，确保学生在课程中逐步学习和掌握相关内容。

（三）引导教学方法

教材不仅提供内容，还引导教学方法。商务英语教材通常包括各种练习、案例研究和模拟场景，这些教学方法帮助学生将理论知识运用到实际情景中。

（四）培养跨文化意识

商务英语教材通常包括跨文化沟通和国际商务的内容，可以培养学生的跨文化意识和跨文化沟通能力，使他们能够在国际商务环境中成功交流。

（五）评估和反馈

商务英语教材通常包括评估工具，如练习题、考试题等，帮助教育者评估学生的学习成果。另外，这些工具也为学生提供了反馈，帮助他们识别并改进自己的弱点。

三、高校商务英语教材现状分析

（一）教材类型

经过多年的发展，高校商务英语教材的类型变得多种多样，反映了教育领域的变革和教学方法的多样化。

传统的商务英语教科书是商务英语教学的核心，也是最常见的类型之一。这些教材通

常由专业的教育家和商务英语专家编写，遵循教育标准和课程要求。它们的优势在于提供了结构化和系统性的教育内容，覆盖了商务沟通、商务写作、商务听力、商务口语等广泛领域。这些教材往往包括了逐步增加的难度，以满足不同学习阶段的学生需求。

随着技术的迅猛发展，多媒体教材在高校商务英语教学中崭露头角。这类教材结合了视频、音频、互动模拟和在线资源，为学生提供了更为生动和互动的学习体验。学生可以通过观看商务交流的实际案例、参与模拟商务会议或者进行在线交流来提高他们的实际应用能力。另外，多媒体教材也有助于培养学生的视听技能，让他们更好地适应现代商务环境中的多媒体交流。

一些高校和教师选择编写自己的定制化商务英语教材，以满足特定课程或学校的需求。这种教材通常更灵活，能够根据学生的需求和学校的课程目标进行个性化调整。定制化教材通常包括特定行业的案例研究、实际工作场景的模拟、学校特有的教学方法和素材。这种类型的教材强调了实际应用性，帮助学生更好地适应特定的商务领域。

（二）教材质量

高校商务英语教材的质量各异。这一多样性部分源自不同高校、教师和教材作者的选择，也会受到教育标准和学科要求的影响。一些教材经过严格的审查和评估后，它们符合教育标准和学科要求，具有较高的质量。这些教材通常经过详细的内容校对、结构规划和教学方法设计，以确保学生获得有效的商务英语教育。然而，同样存在一些质量不佳的教材。这些教材可能存在以下问题：

1.错误和不准确性

一些教材可能包含语法错误、错误的商务概念或不准确的信息。这些错误会误导学生，影响他们的学业成绩和实际应用能力。

2.陈旧的内容

商务领域的知识和实践不断发展，但一些教材可能包含过时的内容，无法反映最新的商务趋势和实践。

3.不合理的教学方法

有些教材可能使用不合理的教学方法，缺乏多样性和互动性。商务英语是一门实际应用性强的学科，因此应强调实际应用技能的培养，而不仅仅是理论知识的传授。

为确保高校商务英语教材的质量，高校和教师需要进行仔细的教材评估和选择。

（三）教材内容

商务英语教材通常包括商务沟通、商务写作、商务会议、商务谈判、国际贸易等方面的内容。然而，教材内容的选择和深度可能因教材类型和课程目标而有所不同。一些教材可能注重基础知识和技能，而其他教材则可能更侧重实际应用和案例分析。

（四）教材使用情况

教材的使用情况取决于学校、教师和学生的需求和偏好。一些高校采用标准化的教材，以确保一致性和公平性，而其他学校和教师可能更倾向选择自定义的教材。另外，学生的反馈和参与也会影响教材的使用情况。

（五）教材问题和挑战

高校商务英语教材领域存在一些常见的问题和挑战，这些问题和挑战直接影响着商务英语教学的质量和有效性。

1. 确保更新和时效性

商务领域的知识和实践日新月异，因此商务英语教材需要不断更新以反映最新趋势和实践。教材作者和出版商需要密切关注商务领域的发展，及时调整和更新教材内容。否则，学生可能会学习过时的信息，无法应对现实商务挑战。

2. 跨文化教学内容

商务英语教材需要考虑跨文化交流和国际商务的特点。全球化经济环境下，学生需要具备跨文化沟通和理解不同文化背景下的商务实践的能力。因此，教材应该包括跨文化教学元素，帮助学生适应不同国家和地区的商务环境。

3. 多媒体整合

随着技术的进步，多媒体教材在商务英语教育中变得越来越重要。教材需要更多地整合多媒体元素，如视频、音频、互动模拟和在线资源，以提供更丰富和生动的学习体验。特别是在在线教育中，多媒体元素可以增强学生的参与度和理解能力。

4. 实际应用导向

商务英语教材应该更加实际应用导向。学生需要能够将所学知识和技能直接应用到商务场景中。因此，教材应该包括真实的商务案例、模拟商务交流和实际工作场景的练习，以培养学生的实际应用能力。

5. 多样的评估方法

教材应该包括有效的评估方法，以便教育者评估学生的学习成果。这可以包括各种形式的考试、项目作业、口头报告等。评估方法应与教材内容和教学方法相一致，以确保学生的学习得以有效衡量。

总之，高校商务英语教材领域存在多种挑战，而这些挑战也为教育者和教材作者提供了机会，以不断改进和创新教育方法，以满足学生在商务英语领域的需求。解决这些问题需要合作，包括高校、教师、教材作者和学生的积极参与，以确保商务英语教学质量的提高。

四、商务英语教材建设的原则和策略

商务英语教材建设的原则和策略应该充分考虑市场需求、实用性和灵活性，以确保教材能够满足学生的需求，反映市场变化，并提供实际应用的机会。这些原则和策略有助于提高商务英语教学的质量和效果。

（一）市场需求原则

商务英语教材的建设会直接受到市场需求的影响，因为市场需求是教育和培训的关键驱动力之一。不同行业和领域对商务英语的需求存在多样性，因此教材的定制化非常重要，以满足学生未来职业发展的需求。

商务英语教材的建设应始终保持市场导向。这意味着教育机构和教材编写者需要密切关注所在国家或地区的商务趋势及需求。不同地区的商务需求可能不同，例如，某些地区可能侧重国际贸易，而其他地区可能注重金融或科技领域。因此，教材应根据特定市场的需求特点进行调整和优化。不同行业和领域对商务英语的要求也有所不同，教材应该能够满足不同行业学生的需求。例如，制造业的学生可能需要学习关于供应链管理和生产流程的英语词汇，而酒店管理学生可能需要学习客户服务和预订管理方面的英语技能。因此，高校可以考虑开发不同行业或领域的教材版本，以满足不同学生的特定需求。

高校可以通过市场调查来了解本地和国际商务社区的需求。这可以包括与行业专家、企业和雇主的合作，以确定哪些商务英语技能对学生最为关键。此外，收集学生的反馈也是优化教材的重要依据，学生可以提出他们在实际职业环境中所需的具体技能和知识。商务领域的需求不断演变，因此教材需要保持更新。教育机构和教材编写者应定期审查和更新教材，以确保其与最新市场趋势和实践相符。这可能涉及添加新的商务术语、案例研究和实际交流技巧。

（二）实用性原则

实用性原则是商务英语教材设计的关键原则之一，它强调了教材内容必须具有实际应用价值，使学生能够在职业生涯中直接运用所学的知识和技能。

1.引入真实商务情景和案例

商务英语教材应该包括真实的商务情景和案例研究。这可以通过模拟真实的商务交流、合同谈判、会议策划等情景来实现。学生将通过分析这些案例，获得在实际商务环境中应对挑战的经验。

2.模拟练习和角色扮演

教材应该提供商务会议、谈判、电话交流、电子邮件写作等方面的模拟练习和角色扮演活动。这些练习让学生在相对安全的教室环境中模拟真实的商务交流，提高他们的实际应用能力。

3.行业相关性和定制化

考虑学生未来的职业发展方向，教材内容可以根据不同行业的需求进行定制。例如，如果学生将来希望从事国际贸易，教材就可以更侧重国际贸易的专业术语和实践。这有助于学生更好地准备进入特定领域的职场。

4. 语言技能与实际应用的结合

教材不仅应教授语法和词汇，还应强调实际的沟通和应用能力。例如，在商务写作方面，教材可以引导学生编写实际的商务邮件、报告和合同，而不仅仅是单纯的语法练习。

5. 更新和跟踪市场趋势

商务环境不断演变，因此教材需要保持更新，以反映最新的商业趋势和实践。定期审查和更新教材是确保其实用性的关键。

（三）灵活性原则

商务英语教材的灵活性是确保教学内容和方法能够适应不断变化的商务环境与教育技术的关键要素之一。

1. 多媒体整合

教材应该整合多媒体元素，包括视频、音频、图像和在线资源。这些多媒体元素可以用于丰富教材的内容，提供真实的商务情景和案例分析，以及展示国际商务交流的实际场景。通过多媒体的使用，学生可以更好地理解和应用商务英语，同时提高学习的吸引力和互动性。

2. 在线教育工具

利用现代的在线教育平台，采用教材更灵活的学习方式。虚拟教室、在线测验、讨论板和即时聊天等工具可以帮助学生随时随地参与学习，与教师和同学互动。这种灵活性使学生能够根据自己的时间表和学习节奏学习商务英语，增加了便捷性和可访问性。

3. 模块化设计

教材的内容可以模块化设计，将不同的主题或技能划分为独立的模块。教师和学生可以根据需要选择特定模块进行学习，而不必按照线性顺序学习。这种模块化设计允许个性化学习路径，使学习更加灵活，学生可以根据自己的兴趣和需求选择学习内容。

4. 教材更新的便捷性

商务英语教材应该具有便捷的更新机制。商务领域的知识和实践不断发展，因此教材需要及时反映最新的商业趋势和实践。教材的数字化和在线化可以使更新变得更加容易，教师和出版商可以轻松地添加新的内容、案例和资源，以确保教材的时效性。

五、商务英语教材选择的原则和策略

（一）根据学生需求选择教材

学生的需求对商务英语教材的选择具有重要影响，因为不同学生有不同的学术背景、职业目标和英语水平。因此，高校在选择教材时，应该考虑学生的多样性需求，以下是根据学生需求选择教材的策略：

第一，需要进行学生需求分析，这可以通过问卷调查、个别面谈或学生反馈来完成。了解学生的学术背景、职业目标、英语水平和学习风格，以便确定适合他们的教材。

第二，教材选择应提供个性化的选项，以满足不同学生的需求。这包括选择适当难度级别的教材，如初级、中级或高级商务英语教材。此外，高校还可以考虑提供特定行业领域的教材，如金融、国际贸易或市场营销，以满足学生的职业需求。

第三，教材选择不应仅限于传统的教科书。可以提供多元化的资源，包括在线学习模块、模拟商务案例、专业期刊和行业报告。这些资源可以根据学生的需求和兴趣进行选择，以增加学习的多样性和吸引力。

第四，鼓励学生提供反馈意见，以不断改进教材选择。教师可以定期与学生互动，了解他们对教材的看法和建议。学生的反馈可以帮助教师和教材出版者更好地满足学生的需求，并使教材更具实际应用性。

第五，教材选择应与课程设计相结合，以满足不同学生的需求。弹性课程设计允许学生根据自己的学术和职业兴趣选择不同的课程模块或专业方向，同时提供支持和指导，以确保他们能够实现个人目标。

（二）根据教学目标选择教材

教学目标对商务英语教材选择的确有重要影响，因为教材应该与教学目标紧密衔接，以确保学生能够达到预期的学习成果。

在教学计划中明确和详细地规定教学目标是关键的第一步。教学目标应涵盖语言技能、沟通能力和专业知识方面的要求。例如，如果课程的主要目标是培养学生的口语交流能力，那么教材应该重点关注口语表达和听力理解技能。选择与教学目标相匹配的教材至关重要。教材的内容、难度和教学方法应该与教学目标一致。如果教材中的内容和教学方法无法帮助学生达到目标，那么教学效果可能会受到影响。不同的教学目标可能需要不同类型的教材。商务英语教材可以包括教科书、案例研究、商务沟通模拟和实际案例等。多样性的教材选择可以更好地满足不同教学目标的需求。有时候，需要对教材进行调整和定制，以更好地满足特定的教学目标。教师可以根据学生的需求和目标，对教材内容进行删减、补充或重新组织，以确保教学的针对性和有效性。定期评估教材的适用性和有效性是必要的。教师和课程设计者可以通过学生的表现和反馈，以及教学成果的评估来确定是否需要调整或更换教材，以更好地满足教学目标。

总之，教学目标是商务英语教材选择的关键因素之一。明确的目标可以帮助教师选择合适的教材，以提高学生的学习效果。通过匹配、多样性、调整和评估等策略，可以更好地满足不同教学目标的需求，培养出更具实际应用价值的商务英语专业人才。

（三）根据教材质量选择教材

教材质量的确对教材选择产生显著影响，因为高质量的教材是确保教学效果的基础。

教师和课程设计者应对候选教材进行全面的评估。这包括对教材的内容准确性、最新性、清晰度和结构进行评估。教材应该提供正确、最新和有组织的信息，以确保学生的学习不会受到误导或混淆。

查阅教育专家和其他教师的评价和建议，以获取关于教材质量的反馈。这些专家和同行的评价可以提供宝贵的信息，帮助确定是否应选择特定教材。收集学生的反馈意见，了解他们对教材的看法和体验。学生的反馈可以揭示教材的强项和不足，帮助教师更好地理解教材的实际效果，并在需要时进行改进。

不同教材可能适用于不同的教学场景和学生群体。教材的适应性和灵活性也应该被考虑在内，以确保它们满足特定教学环境和学生需求。综合考虑教材的各个方面，包括内容、教学方法、练习活动和配套资源等，以确定教材的整体质量。

第三节 商务英语课程体系构建

商务英语课程体系的构建和教材的选择是商务英语教学中至关重要的环节。在全球商业竞争日益激烈的情况下，商务英语教学需要不断适应市场需求、更新教学内容、优化课程结构，并确保教材的质量和实用性。

一、商务英语教学目标

高校需要从根本上转变观念，以社会对商务英语人才的需求和能力要求为教育的出发点。这种改变的核心在于重新思考商务英语的课程设置。学校应该积极融入市场的声音，深入分析各个职位对从业者的技能和素质需求，然后基于这些需求来制订合理的培养计划。为了实现这一目标，学校可以在新生入学教育中向学生清晰地阐述他们在校期间需要掌握的知识和技能，以便使每位学生都明白自己的学习目标。此外，学校可以举行问卷调查或座谈会，邀请已毕业的学生、企业代表和在校学生一起探讨课程设置的问题。通过这种方式，高校可以根据实际需求来调整商务英语的课程设置，以培养商务英语高素质人才。

（一）基本素质要求

在高校商务英语教学培养目标中，基本素质涵盖了学生在各个方面的素质和品质要求。

1. 政治、思想素质

学生应拥护党的基本路线，具备正确的政治思想，理解和支持国家的政策。学生需要在各种情况下能够独立思考，形成明智的判断，并在工作中运用正确的政治观念。

2. 道德品质

学生需要培养高尚的道德品质，包括诚实守信、正直守法、友善宽容等。这些品质对学生在商务领域建立信任和维护声誉至关重要。

3.法律意识

学生应该了解法律法规，遵守法律法规，并在商务交往中始终遵守法律规定。法律意识对商务活动的合法性至关重要。

4.现代意识

学生应该具备现代意识，包括对科技、社会变革和环境保护等方面的敏感性和认识。

5.人际交往意识

学生需要培养良好的人际交往意识，能够建立和维护良好的人际关系，以促进商务合作和团队工作。

6.敬业精神和创新精神

学生应该具备敬业精神，对待工作认真负责，并具备创新精神，能够提出新的商务解决方案。

7.职业道德

学生应具备良好的职业道德，包括诚信、保守商业机密、不参与不正当竞争等方面的品质。

8.健全的体魄和心理适应能力

学生需要保持健康的身体，以胜任商务领域的工作，并具备良好的心理适应能力，能够面对工作和生活中的挑战。

这些素质要求对培养高质量的商务英语专业人才至关重要。学校应通过多种教育方法和活动来培养和强化这些素质，以确保学生能够胜任未来的商务工作。

（二）知识结构要求

商务英语培养人才的知识结构要求包括广泛的英语语言知识、深入的商务和跨文化知识信息技术知识及行业特定知识。

1.英语语言知识

英语听力和口语技能。学生需要具备良好的听力和口语能力，能够流利地用英语进行商务交流。

英语阅读和写作技能。学生应具备高水平的阅读和写作技能，能够理解和撰写商务文件、报告和邮件。

英语语法和词汇。学生需要掌握英语语法和词汇，以确保语言表达准确性和丰富性。

2.商务知识

国际贸易。学生需要了解国际贸易的基本原理、流程以及国际市场的特点。

国际金融。学生应具备关于国际金融体系、汇率、金融工具和风险管理等方面的知识。

市场营销。学生需要了解市场营销策略、消费者行为、市场调查和品牌管理等方面的知识。

商业法律。学生应熟悉商业法律，包括合同法、知识产权法、国际贸易法等相关法规。

国际商务伦理。了解国际商务中的伦理和社会责任问题，能够在商务决策中考虑道德因素。

市场趋势和前沿技术。学生需要跟踪市场趋势和新兴技术，以保持商务领域的竞争优势。

3. 跨文化知识

国际文化。学生应了解不同国家和地区的文化、价值观、礼仪和习惯，以便更好地进行跨文化交际。

文化敏感性。培养学生对不同文化背景下的人的敏感性，避免产生文化冲突和误解。

国际商务礼仪。学生需要了解国际商务场合的礼仪和规范，以确保专业的商务交往。

4. 信息技术知识

电子商务。了解电子商务平台、在线支付、电子市场和网络营销等相关知识。

数据分析。学生需要具备数据分析技能，以从大量数据中提取有用的商务信息。

5. 行业特定知识

根据学生未来职业范围的不同，可能需要具备特定行业领域的知识，如医疗、金融、制造业等。这些知识结构要求学生具备在国际商务环境中成功工作所需的知识和技能。培养学生的综合商务英语知识将有助于他们在全球化的商业活动中取得成功。

二、更新教学内容，优化课程结构

为了适应不断发展的商务环境和技术进步，商务英语课程需要定期更新教学内容和优化课程结构。

第一，商务英语课程应该及时反映当前商业趋势和新兴领域。这可以通过定期审查和更新课程大纲、教材以及课程内容来实现。课程内容应该包括最新的商业案例、市场趋势、国际法规等，以确保学生获得最新的商务知识。第二，商务英语课程可以通过引入新的教学方法和技术来优化课程结构。例如，课程可以利用在线教育平台和多媒体资源来增强学生的学习体验。虚拟商务会议、模拟商务交流和在线协作项目可以帮助学生实际运用所学的商务英语技能。此外，教师还可以采用翻转课堂教学方法，鼓励学生在课堂外独立学习，以便在课堂上更深入地讨论和运用知识。第三，优化课程结构可以包括更好地整合不同主题和模块，以便学生更全面地理解商务英语的复杂性。例如，课程可以将商务沟通、商务写作、商务谈判和跨文化交际等主题融入一个连贯的框架中，使学生能够将这些技能无缝地整合到实际商务场景中。第三，商务英语课程将商务知识与其他领域的知识相结合，如国际关系、市场营销、国际经济学等。这有助于培养学生更全面的商业洞察力和决策能力。第四，商务英语课程的更新和优化是一个持续的过程，需要不断收集学生反馈、监测课程效果并根据变化的商业环境进行调整。这将确保课程始终保持与实际需求的一致性，为学生提供最佳的商务英语教育。通过这些措施，学习商务英语课程可以更好地培养学生的商务技能，有助于他们在未来职业生涯中取得成功。

三、建立教材的反馈和评价机制

在商务英语教学中，建立教材的反馈和评价机制至关重要。这一机制有助于不断改进教材，确保它能够满足学生的需求，提高教学质量，促进学生的学习和发展。

（一）学生反馈的重要性

学生反馈是指学生对课程、教材、教学方法以及教师教学效果提出的意见、建议和评价。

首先，学生反馈有助于了解学生的需求和期望。每个学生都是独一无二的，他们具有不同的学习风格、兴趣爱好和背景。通过听取他们的反馈，教师可以更好地理解学生的需求，从而调整教学策略和课程内容，以满足他们的学习需求。这种个性化的关注有助于提高教学的效果，使学生更容易融入课堂，积极参与学习。

其次，学生反馈促进积极的教学互动。当学生知道他们的建议被听到并被采纳时，他们更有动力积极参与课堂活动。他们愿意提出问题、分享观点，并与教师和其他同学建立更紧密的互动关系。这种互动不仅有助于解决学生的难，还有助于形成积极的学习氛围，使课堂氛围更加生动有趣。

再次，学生反馈可以提供改进教学的重要信息。学生是课堂的直接参与者，他们能够深刻地体验到教学的优点和不足。通过听取他们的意见和建议，教师可以发现教学中可能存在的问题，包括教材的不清晰之处、教学方法的不合理之处，甚至是自身的教学风格。这种自我反思和改进有助于提高教学质量，确保学生能够更好地掌握知识和技能。

最后，学生反馈有助于提高学生的满意度和学习体验。这样学生会积极参与课堂活动，取得更好的学业成绩。他们对课程和教师更具信心，更加努力去学习。因此，学生反馈不仅有助于改进教学，还有助于提高学生的学习积极性和满意度，为他们未来职业发展打下坚实的基础。

（二）教材的评价与改进

教材评价是指对教材内容、结构、教学方法和练习活动等方面进行系统性和综合性的评估和分析。这项工作的重要性在于它可以帮助教师和学校判断教材是否适合特定的教学目标和学生需求。通过评价，可以发现教材中可能存在的问题和不足，从而采取相应的改进措施。

教材评价可以采用多种方法，包括教师和学生的反馈、教学观察、课堂测验和考试成绩等。教师和学生的反馈是其中最重要的部分，因为他们直接参与教学过程，可以提供深刻和具体的意见。此外，教师还可以通过观察学生的表现来评估教材的效果，课堂测验和考试成绩可以作为客观的评价指标。

评价的结果应该为进一步的教材改进提供指导。以下是一些常见的教材改进策略：

1. 修订内容

如果评价发现教材中的某些内容不准确、过时或不符合学生需求，应该对这些内容进行修订和更新，确保教材的准确性和时效性。

2. 调整教学方法

如果评价表明教材中的教学方法不够有效，教师就可以考虑采用更合适的教学方法，如互动式教学、案例分析或小组讨论，以提高学生的参与度和理解力。

3. 增加练习活动

教材改进可以包括增加更多的练习活动，帮助学生巩固所学知识和技能。这些练习可以是口语练习、写作练习、角色扮演或实际案例分析等。

教材的评价和改进是一个持续的过程，而不是一次性的工作。教师和学校应该建立定期的评价机制，以确保教材始终保持高质量。学生反馈和教师的反思成为这个过程的重要组成部分，以不断提高教材的质量和适应性。

综上所述，教材评价和改进是商务英语教学中不可或缺的环节。通过系统性的评价和采取相应的改进策略，可以确保教材符合教学目标和学生需求，提高教学效果，促进学生的学习和未来职业发展。

四、改革传统课程模式

改革传统学科型的课程模式在高校商务英语教学中至关重要，它有助于培养未来适应职业需求的应用型人才，提高教学的实际效果。

（一）以职业导向为核心

传统学科型的课程模式主要关注知识传授，而改革的核心在于将职业导向融入课程设计。这意味着课程应该与实际职业需求相匹配，强调培养学生在工作中所需的实际技能和能力。例如，商务英语课程可以更注重商务沟通、跨文化交际、写作技巧等与实际职业相关的内容。

（二）强化实践性教学

传统的学科型课程通常以理论为主，缺乏实际操作内容。改革的关键之一是增加实践性教学的比重。学生需要在真实商务情景中运用所学知识和技能，如模拟商务会议、角色扮演商务谈判、撰写商务报告等。这些实践性活动有助于学生更好地理解和掌握商务英语。

（三）跨学科整合

为了培养具有综合能力的应用型人才，改革应该促进不同学科之间的整合。商务英语课程可以与其他专业领域如国际贸易、市场营销、金融等进行交叉，让学生获得更全面的知识和技能。这种跨学科整合有助于培养学生更好地适应多元化的职业需求。

当然，为了确保改革取得成功，学校和教师应建立实时的反馈机制。这意味着不断收集学生、教师和雇主的反馈意见，评估课程的效果，并根据需要进行调整和改进。只有通过不断反馈和调整，才能使课程保持与职业需求同步。

五、建设校内校外实践课程

实践课程在商务英语教学中可以为学生提供将理论知识运用于实际情景的机会，可以培养他们在职业领域中所需的实际技能和经验。

（一）实践课程的重要性

商务英语课程通常涵盖了大量的语言技能、商业知识和文化背景等理论内容。然而，这些知识如果不能在实际商务环境中应用，就难以转化为实际技能。实践课程可以为学生提供将所学理论知识付诸实践的机会，帮助他们理解如何在真实商务场景中运用英语来进行沟通、谈判、写作等活动。

商务英语教育的目标之一是培养学生成为具备实际工作能力的商务专业人才。实践课程通过模拟商务场景、角色扮演和实际案例分析等方式，帮助学生积累实际工作经验，提高他们解决问题和应对挑战的能力。商务英语教育需要跨足多个领域，包括语言学、商业学、国际关系等。实践课程常常要求学生综合运用不同领域的知识和技能，促使他们进行跨学科学习，这有助于培养学生的综合素养和综合能力。

实践课程可以让学生在一个相对安全的环境中练习商务英语技能，逐渐增强他们的自信心。这对他们在真实商务场景中自信地与客户、同事或上级交流和合作至关重要。毕业生通常会面临激烈的就业竞争，拥有实际商务经验和技能的学生能够在求职过程中展示其实际工作能力，为自己争取更好的就业机会。

总之，实践课程在商务英语教学中扮演着关键的角色，通过将理论知识与实际工作相结合，培养学生的实际工作能力，增强他们的自信心，提高就业竞争力，为他们未来的职业发展打下坚实的基础。因此，实践课程的重要性不可忽视，学校应该充分重视这一方面的教育内容和机会。

（二）校内实践课程设计

校内实践课程可以为学生提供一个模拟商务环境的学习机会，有助于将理论知识转化为实际技能。以下是一些校内实践课程的设计思路和内容：

1.模拟商务环境的课程

这类课程旨在为学生创造一个仿真的商务工作场景，让他们在课堂中扮演商务专业人员的角色，进行商务交流、谈判、报告和项目管理等活动。通过模拟，学生可以在相对低压力的环境中实践商务英语技能，提高他们的实际工作能力。课程内容可以包括模拟会议、商务角色扮演、实际项目案例分析等。

2.商务英语沟通培训

这类课程侧重于培养学生的商务沟通技能，包括口头和书面沟通。学生可以进行口语演练，模拟商务电话、会议和谈判等情景，同时应该学习商务英语写作，包括商务信函、报告和电子邮件等方式。这些实践活动可以帮助学生适应不同的商务沟通场景，并提高他们的沟通技巧。

3. 商务案例分析

在这类课程中，学生可以分析真实的商务案例，了解商业决策的背后逻辑和英语表达方式。他们需要分析问题、提出解决方案，并用商务英语书写报告。这有助于培养学生的分析和解决问题能力，同时会提高他们的写作技巧。

4. 商务文化课程

商务英语不仅仅是语言技能，还涉及文化差异和商业礼仪。校内实践课程可以包括商务文化的教育，教导学生在国际商务环境中尊重和理解不同文化的重要性。学生可以学习国际商务中的文化习惯、礼仪和交往方式，以更好地与国际伙伴合作。

5. 实际项目课程

这类课程要求学生参与真实的商务项目，与企业或组织合作解决实际问题。学生可能需要进行市场调研、制订营销计划、进行财务分析等。这种课程可以为学生提供宝贵的实际工作经验，同时可以培养他们的团队合作和项目管理能力。

总之，校内实践课程应该设计得充实而有针对性，旨在将商务英语的理论知识转化为实际技能。这些课程需要密切结合商务实际，为学生提供贴近职业要求的训练项目，从而为他们未来的职业发展打下坚实的基础。同时，不同学校可以根据自身特点和资源，灵活设计校内实践课程，以满足学生的需求。

（三）校外实践课程设计

校外实践课程合作不仅可以为学生提供实际工作经验，还可以拓宽他们的职业视野，建立有用的职业教育网络。这些合作机会应该与商务英语专业的课程紧密结合，以确保学生获得全面的商务英语教育和职业准备。

1. 与企业的合作项目

学生可以与各类企业建立合作关系，参与不同类型的商务活动和项目。这种合作可以包括暑期实习、企业访问、合作研究项目等。学生在企业中的实践将使他们直接面对商业挑战，了解企业运作和管理，提高实际应用能力。

2. 实习和工作机会的提供

积极寻找为学生提供实习和工作机会的企业。这可以通过学校与当地企业建立联系、与商会或行业协会合作来实现。提供实习机会的企业可以为学生提供有薪或无薪实习，使他们能够在真实的商务环境中应用所学的商务英语技能，积累职业经验。

3. 行业讲座和导师计划

高校可以邀请业界专家和从业者来校园开展行业讲座，分享他们的经验。此外，高校还可以制订导师计划，为学生分配企业导师，以指导他们在职业规划和发展方面提供建议和指导。这种与行业专业人士的互动可以帮助学生更好地了解实际工作要求和趋势。

4. 商业竞赛和项目合作

学校可以鼓励学生参加各类商业竞赛，如商业计划竞赛、模拟谈判竞赛等。同时，学校可以与企业或机构合作，为学生提供参与这些竞赛和项目的机会。这不仅可以激发学生的竞争意识，还可以提高他们的商务英语技能和团队合作能力。

5. 实地考察和研究项目

学校可以组织学生进行实地考察，前往不同类型的企业、国际贸易展会，亲身体验商务环境。此外，学校还可以与企业合作开展研究项目，让学生深入了解特定行业或领域的商务实践和趋势。

第四章　高校商务英语的教学模式研究

第一节　商务英语情景教学模式

情景教学模式能提高学生的学习兴趣与参与度，培养学生的实际运用能力。在商务英语教学中，通过情景教学模式，能够创造出仿真的商务环境，使学生能够在其中检验他们所学的知识、体验真实的工作情境，同时积极参与人际交往。这种方法对培养学生的综合能力、提高他们的岗位意识和职业技能具有至关重要的作用。因此，情景教学法可以在商务英语教学中发挥重要的作用，有助于学生更好地应对未来职场的挑战。

一、情景教学模式概述

（一）情景教学概念

情景教学通过模拟或复制真实生活中的情境来帮助学生学习和理解特定的知识与技能。这种教学方法强调将学习与实际运用相结合，让学生置身于具体的情境中，以更好地理解和运用所学的内容。情景教学通常包括以下几个要素：

1.情景创设

教师或教育设计者会创建一个特定的情景，这个情景可以是现实生活中的情景，也可以是虚构的场景。这个情景通常与所要教授的内容相关。

2.任务驱动

学生需要在这个情景中完成特定的任务或解决问题。这些任务通常要求学生运用他们已经学到的知识和技能来解决问题。

3.实际运用

情景教学强调将学习与实际运用联系起来。学生在情景中不仅要学习理论知识，还要将其运用到实际项目中。

4.合作与互动

情景教学通常鼓励学生之间的合作和互动。学生需要与同学一起协作完成任务，模拟真实生活中的合作情景。

5.反思和总结

学生完成任务后，通常需要对自己的表现进行反思和总结。他们可以思考他们在情景中的表现，以及他们从中学到了什么。

情景教学能够提供更具体、实际和深入的学习体验，能够激发学生的兴趣和动力，以及能够促进学生综合性的思维和解决问题能力。这种教学方法常常用于语言教育、职业培训和模拟训练等领域。它有助于学生可以更好地将理论知识转化为实际技能，并在实际情景中应用所学内容。

（二）情景教学的教学原理

情景教学涵盖了多个重要的教学原理，这些原理可以共同促进学生的深度学习和全面发展。

1.认知一致性原理

认知一致性原理强调了在教学过程中应该充分考虑学生的现有认知结构和经验知识。学生在学习新知识之前通常已经积累了一定的知识和经验，这些构成了他们的认知基础。因此，教育者的任务是将新的学习内容与学生已有的知识框架联系起来，形成认知一致。

这一原理的核心思想是将学生的现有知识作为一座桥梁，帮助他们更好地理解新的概念和信息。通过将新知识与已知信息相对比和整合，学生能够更容易地掌握新内容，因为他们可以建立在自己已有的认知基础上。这种过程有助于避免产生认知冲突，学生不会感到迷茫或困惑，而是能够逐步扩展他们的知识体系，使之与新学习的内容相协调。渐进性学习也是认知一致性的一部分。这意味着教育者应该逐步引入新的知识，确保学生能够逐渐适应和理解。如果过于急促或突然将学生推向陌生领域，可能会导致学生认知不一致，降低学习效率。最重要的是，每个学生的认知结构和经验都是独特的，因此教育者需要根据学生的需求和水平进行教学调整，以确保他们能够达到认知的一致性。这不仅有助于提高学习效果，还可以激发学生的学习兴趣和动力。

2.参与互动原理

在情景教学中，学生被鼓励参与各种任务和互动，而不是被动接收教师传授的知识。这种积极的参与可以通过多种方式实现，包括小组讨论、解决问题任务、角色扮演和实际案例研究等。通过这些活动，学生有机会将课堂中的理论知识与实际运用相结合，从而更深入地理解知识。

在参与互动的过程中，学生不仅可以分享自己的思考和见解，还可以与同学互动，共同探讨问题。这有助于促进个人构建知识，因为学生不仅仅是被动地接收信息，还需要主动思考和解决问题。他们可能会提出问题、提出解决方案、与同学进行辩论，并在交流中不断完善自己的理解。

通过参与互动，学生还可以从不同角度和观点中获得更丰富的信息，这有助于拓宽他们的视野，培养批判性思维和解决问题的能力。此外，参与互动还可以提高学生的学习动力，因为他们感到自己的贡献和参与是有价值的，这可以增强他们的学习兴趣和自信心。

3.学习结果驱动原理

在情景教学中，教育者的首要任务是确保学生在学习过程中真正掌握了所需的知识和技能。为实现这一目标，情景任务通常会被设计得与预期的学习结果紧密关联。这意味着任务的目标是让学生能够运用、理解或解决特定的问题或情境，而不仅仅是记住和复述信息。这种以学习结果为导向的设计有助于确保学生在学习过程中注重实际的能力培养。

另外，情景教学强调学生的产出作为评价学习成效的依据。这意味着学生通常需要完成任务、项目、演示或其他形式的实际"产出"，以展示他们的学习成果。这些产出可以是实际问题的解决方案、创造性的作品、实验结果、报告或其他形式的表现。通过评估学生的"产出"，教育者可以更全面地了解他们是否真正理解和掌握了所学内容。

与传统的考试成绩不同，学习结果驱动原理重视实际的能力和运用，而不仅仅是记忆和应试技巧。这有助于培养学生的综合能力，使他们能够在实际情景中运用所学的知识和技能。此外，这种方法还可以提高学习的意义感，因为学生知道他们的学习直接关系到其实际能力的提高。

4.学习动机激发原理

学习动机是指个体在学习过程中追求知识、技能或成就的内在或外部动力。它是促使人们参与学习活动、努力学习和坚持克服困难的力量和意愿。学习动机可以根据其来源和性质分为多种类型，包括内在动机和外在动机：内在动机是指学习是由于个体自身的兴趣、好奇心、满足感或乐趣而推动的情况。在这种情况下，个体不需要外部奖励或惩罚来鼓励其学习，他们会自发地追求知识和学习体验。内在动机通常与更深入、持久的学习相关。外在动机是指学习是由于外部因素，如奖励、认可、竞争或惩罚而推动的情况。在这种情况下，个体可能学习是为了获得某种奖励，如高分数或奖金，或者是为了避免某种惩罚，如失败或批评。外在动机可以是有用的，但通常不如内在动机会产生深度学习和长期的学习兴趣。学习动机对学习的成功和效果具有重要影响。高度内在动机的学生通常会积极地参与学习活动，更有可能坚持学习，因为他们在学习中可以获得满足感和愉悦感。相反，缺乏动机或高度依赖外部因素的学生可能在面对困难或挫折时更容易放弃。

情景教学注重在教学设计中模拟真实生活中的情景。这种情景通常更具吸引力和意义，因为它们与学生的实际经验和生活相关。通过将学习内容融入这些情景中，学生更容易看到知识的实际运用和价值，因此更有动力去学习。真实生动的情景设计可以激发学生的学习兴趣。学生通常更愿意参与和投入引人入胜的情景中，因为这让学习变得更具吸引力和有趣。他们可能会对应对情景中的挑战感到好奇，因此更积极地参与学习过程。当学生感到自己的学习与实际生活和实际问题相关时，他们更容易产生内在的动机和自主学习的愿望。他们不仅仅是为了应付考试而学习，而是出于对知识本身的热爱和追求。这种内在动机通常会导致学生产生更深入的学习动机和更优秀的学习成果。

二、情境教学模式创设的原则

商务英语情景教学是一种有针对性的英语教学方法,旨在培养学生在商务场景中运用英语的能力。在这种教学方法中,教师需要遵循一些基本原则来确保学生能够更好地掌握商务英语知识和技能。

(一)真实性原则

商务英语情景教学的关键是创设真实的商务情境。具体体现在以下方面:

1. 真实情境的模拟

在商务英语情景教学中,教师应该努力模拟真实的商务情境。这意味着教师可以设计各种商务场景,如商务会议、谈判、电话沟通、商务旅行、销售呈报等。这些情境应该反映出学生在未来职业生涯中可能会遇到的实际挑战和任务。

2. 实际案例和材料

教材和学习材料应该基于真实的商务案例和实际的商业文件。学生可以分析真实的商业报告、合同、市场调研数据等,以了解商务英语的实际应用。这有助于学生更好地理解商务领域的专业术语和写作风格。

3. 模拟商业环境

教室环境可以被设计成一个模拟的商业环境,以便学生可以在其中进行商务交流和活动。例如,学生可以扮演不同的商务角色,参与商务会议,进行商务洽谈,撰写商务计划等。这种实践性的学习使学生更好地适应未来的职业生涯。

4. 实际商务挑战

学生可以面对真实的商务挑战,如解决商业问题、制定市场战略、处理跨文化沟通等。这有助于培养学生解决问题的能力和决策能力,并将他们的商务英语技能应用到实际情境中。

通过真实性原则,商务英语情景教学可以更好地帮助学生准备好进入商业世界。学生将能够更自信地与客户、同事和合作伙伴进行商务交流,并更好地理解和应对商务挑战。这种教学方法使学生可以更好地理解商务英语的实际用途,提高他们的商务专业素养,为未来的职业生涯做好充分准备。

(二)交互性原则

交互性原则是商务英语情景教学中的一项关键原则,它在教育环境中强调了语言学习的交流性质以及积极参与各种商务交流活动的必要性。这一原则通过以下方式深入阐述:

首先,商务英语是一门具有强烈社交性质的语言。在商业环境中,人们需要用英语进行各种交流、合作和决策。因此,学习者的语言能力必须以实际的交流为核心,而不仅仅是语法和词汇的掌握。通过积极参与各种商务交流活动,学生可以更好地理解如何在商务场景中有效地运用英语,与客户、同事和合作伙伴建立信任和沟通。

其次，情境教学的一个重要组成部分是模拟商务场景。在这些模拟情境中，学生被要求扮演不同的商务角色，如销售经理、客户、项目经理等。这种角色扮演活动有助于学生锻炼自己的商务口头表达能力，培养在真实情况下与他人进行商务交流的信心。通过反复练习，他们能够更流利地表达自己的意见，增强他们的沟通效果。

再次，商务演示和沟通是交互性原则的一部分。学生应该有机会展示他们的商务交流技能，向其他同学或教师演示他们的表达能力。这有助于提高学生的自信心，同时让他们能够接受及时的反馈，以改进和提高他们的表现。这种实际演示的经验是非常有价值的，因为它们可以帮助学生更好地理解自己的优势和改进点。

最后，交互性原则倡导互动式学习。在小组合作中，学生可以一起解决商务问题、进行讨论和协作项目。这种协作可以促进知识的共享和交流，从而加深对商务英语的理解。学生通过与同伴互动，不仅能够提高自己的语言技能，还能够学到来自不同背景和经验的见解。

（三）主体性原则

主体性原则强调学生在学习过程中应该扮演主动学习的角色，积极参与各种商务活动，而不仅仅是被动地接受教师的指导。首先，主体性原则要求学生积极参与情景教学中的商务活动。这包括在模拟的商务情境中扮演不同的商务角色，参与商务会议、项目管理、市场研究等活动。通过亲身参与这些活动，学生能够更好地理解商务英语的实际应用，锻炼他们的商务技能。其次，学生被鼓励主动提出问题、提供解决方案和参与商务决策。他们应该能够独立思考，分析商务情境，找出问题的根本原因，并提出有效的解决方案。这有助于培养学生的问题解决和决策能力，使他们更好地适应职业生涯中的挑战。再次，主体性原则还鼓励学生积极参与商务交流和合作。学生可以与同学一起协作解决商务问题，进行商务谈判，展开商务项目等。这种协作能够提高学生的团队合作能力，使他们更好地适应职场中的合作环境。最后，主体性原则也涉及学生的自主学习能力的培养。学生应该具备自主学习的能力，能够主动寻找学习资源，制订学习计划，自我评估和调整学习策略。这有助于他们在不断变化的商业环境中不断更新和提升自己的知识和技能。

（四）探究性原则

探究性原则通过培养学生的问题解决能力、独立研究能力和创新思维，强调学习的实际性和深度。学生通过积极参与商务问题的探究，不仅能够更好地理解商务英语的实际应用，还能够在职业生涯中更好地应对复杂的商务挑战，为自己的职业发展打下坚实的基础。

首先，探究性原则鼓励学生主动提出问题并寻找答案。在商务英语情景教学中，教师可以引导学生思考实际的商务问题，如市场分析、产品推广策略、竞争对手分析等。学生被激励去自己寻找相关信息和数据，研究解决问题的方法，从而可以培养他们主动思考和探究的能力。其次，学生有机会独立或合作进行研究和项目工作。教师可以设计项目或任务，要求学生选择特定的商务主题，深入研究并提出解决方案。这种项目性学习不仅可以提供实际问题的应用场景，还可以培养学生的独立研究、数据分析和报告撰写等技能。再次，商务英语情景教学中的案例分析是探究性原则的一部分。学生可以分析真实的商业案例，了解不同公司在特定情境下所采取的商务策略和决策。这有助于他们理解商务英语的实际运用，并学习从他人的经验中吸取教训。最后，探究性原则鼓励学生培养创新思维。学生不仅要解决问题，还要提出新的思路和方法。教师可以引导学生思考如何改进现有的商务流程、推出创新产品或服务，从而培养他们的创业和创新精神。

（五）体验性原则

在商务英语情景教学中，学生有机会参与各种实际商务活动，如商务会议模拟、市场调研项目、销售演示等。这些活动不仅让学生亲身体验商务英语的实际应用，还可以提供一个锻炼实际技能的平台。

在商务英语教学中，学生可以在模拟的商务情境中扮演不同的商务角色，如销售经理、客户、项目经理等。这种角色扮演帮助学生更好地理解不同角色的职责和期望，同时可以培养他们的商务交流和协商技能。此外，学生还有机会参与实际的商业项目或竞赛，如市场营销竞赛或商务计划竞赛。这些项目要求学生将商务英语知识应用于实际问题的解决，从而提高他们的实际操作技能。学生可以亲自前往商业场所，观察和调查不同行业的商务运作和挑战。这种实地考察使学生能够将课堂学习与实际情况相结合，更好地理解商务英语的实际用途和挑战。

总的来说，体验性原则通过实际体验和实践来深化学生对商务英语的理解和掌握。学生通过参与实际商务活动、角色扮演、项目竞赛和实地考察等方式，不仅可以提高实际技能，还可以深入地理解了商务领域的运作和挑战。这种学习方式有助于学生做好准备进入商业世界，为其未来的职业生涯做好充分准备。

三、商务情景教学模式的实施

商务英语情景教学模式的实施是一个精心策划和组织的过程，涉及课前准备、课堂实施和课后布置和准备。

（一）课前准备

1.授课材料选择

授课材料的选择是商务英语情景教学中非常关键的一步，它直接影响到教学的有效性和学生的学习体验。

首先，在商务英语情景教学中，首要任务是选择与实际应用紧密相关的授课材料。这些材料应该反映商务领域的真实情境，包括商务会议、谈判、市场营销、商务信函等。通过使用这些真实的商务情景，学生能够更好地理解商务英语的实际用途，并将所学的知识直接应用到未来的职业中。因此，授课材料的选择应该基于实际商业场景，以便帮助学生建立与职业需求相关的语言技能和知识。

其次,在选择授课材料时,必须考虑学生的水平和需求。这包括学生的英语水平、商务背景以及他们未来职业的特定需求。授课材料的难易程度应该适应学生的水平,既不过于简单以致无挑战性,也不过于复杂以致难以理解。教师需要了解学生的学习需求,并根据这些需求选择合适的材料,以便学生能够积极参与和有效学习。材料之间应该有逻辑和语义上的连接,以帮助学生构建连贯的知识体系。这有助于学生更好地理解和应用所学的内容,以避免知识的孤立和碎片化。教师应该设计材料,以便它们能够相互补充和延伸,形成有机整体。

再次,学生的学习风格和感官需求各不相同,因此应该提供多种类型的材料,包括文本、音频、视频、商务文档等。这种多样性可以满足不同学生的学习需求,帮助他们更好地理解和应用商务英语。例如,一些学生喜欢通过阅读文本来学习,而其他人可能更喜欢通过听音频或观看视频来学习。因此,教师应该在材料选择中考虑到这些差异。

最后,灵活运用多媒体手段是提高授课材料吸引力和互动性的有效方式。多媒体工具如幻灯片、视频演示和在线资源可以丰富授课材料,使学习过程更生动和互动。这些工具可以帮助教师更好地解释和展示授课内容,同时可以激发学生的兴趣和参与度。

2. 背景知识准备

教师需要深入了解所授课程的背景知识。这包括对相关行业的背景了解,如金融、市场营销、国际贸易等。了解行业的特点、趋势和常见问题有助于将授课内容置于实际背景中,使学生更容易理解和应用所学的商务英语。此外,教师还应了解不同商务领域的常见流程,如商务会议的组织、市场调研的实施等,以便能够深入讲解这些流程并帮助学生理解。

教师需要熟悉相关行业的专业术语和词汇。商务英语中常常涉及特定行业的术语和词汇,而这些词汇的理解和正确使用对学生的商务交流至关重要。教师应该积极积累和更新自己的词汇库,以便能够向学生提供准确的词汇解释和用法示范。此外,教师还可以设计专门的词汇练习和任务,帮助学生掌握行业相关的词汇。

此外,了解学生的背景和水平也是重要的。教师应该了解学生的先前学习经验、英语水平、商务经验以及未来的职业需求。这可以通过调查问卷、个别谈话或课堂讨论等方式获得。了解学生的背景和需求有助于教师进行有针对性的教学,确保教学内容与学生的实际情况契合。例如,如果大多数学生在金融领域工作,教师可以调整课程内容以更好地满足他们的需求。

3. 课程问题设置

课程问题设置在商务英语情景教学中具有重要的指导作用,它有助于激发学生的学习兴趣,引导他们深入思考并积极参与课堂活动。

提前设定课程中的问题和任务应该与授课内容密切相关,能够引导学生在课堂上积极参与和思考。通过提前规划问题,教师可以确保课堂活动有条不紊地进行,学生不会在学习过程中感到迷茫或无所适从。这种有目的性的问题设置有助于学生更好地理解和应用所学的商务英语知识。

问题应该以简洁明了的方式表达，避免模糊或含糊不清的描述。清晰的问题可以帮助学生准确理解任务要求，并明确他们需要做什么。例如，如果教师正在教授商务谈判技巧，问题可以是："你在一次商务谈判中遇到了对方态度强硬，你将采取哪些策略来应对？"这个问题明确了学生需要考虑的情境和行动，有助于引导他们深入思考。

此外，考虑设定一些开放性问题是非常有益的。开放性问题不仅能够引导学生思考，还可以鼓励他们展开讨论和交流。这种类型的问题可以有多个答案，鼓励学生表达个人观点，并与同学分享不同的见解。例如，一个开放性问题可以是："你认为在国际市场上成功的商务策略是什么？"这种问题可以激发学生的创造力和独立思考，促使他们在课堂上展开深入的讨论。

（二）课堂实施

1.创造环境以引导学生感知授课内容

教师应该努力营造积极的学习氛围，使学生感到舒适和投入。这可以通过设定友好的课堂氛围、提供支持和鼓励、与学生建立良好的互动模式来实现。此外，使用多媒体工具、真实的商务情境模拟和实际案例分析等方法可以帮助学生更好地感知授课内容。通过将学生置于实际商务环境中，他们可以更直观地理解商务英语的应用和意义。

2.生动讲解以帮助学生理解知识内容

教师应该使用清晰、简洁、生动的语言来解释复杂的商务英语概念和技巧。同时，教师可以使用示例、故事、图表、幻灯片等可视化工具来支持讲解，以增强学生的理解和记忆。另外，教师还可以借助互动式教学方法，鼓励学生提问、参与讨论，并解答他们的疑虑。生动的讲解有助于激发学生的兴趣，使他们更容易理解和吸收知识。

3.巧妙安排以辅助学生深化知识理解

教师可以设计各种任务和活动，以帮助学生将所学的知识应用到实际情境中。这些活动可以包括角色扮演、商务会话模拟、团队合作项目等。通过这些实际操作，学生可以在实践中深化对商务英语的理解，并培养实际应用技能。此外，教师还可以定期安排小组讨论、案例分析和项目展示等活动，以鼓励学生分享和交流他们的思考与见解。这种互动和合作有助于学生巩固所学知识，促进深度理解。

（三）课后布置和准备

1.课后作业

课后作业是巩固学生所学知识的重要手段。教师可以布置与课堂内容相关的书面作业，以帮助学生巩固语言技能和商务知识。这些作业可以包括写商务邮件、制订市场营销计划、撰写商业报告等。此外，口头演讲和报告撰写也可以是有益的作业类型，帮助学生提高口头表达和演讲技巧。鼓励学生积极参与实际商务活动或项目，并报告他们的经验和发现，有助于将所学知识应用到实际工作中，培养实际应用能力。

2.教材更新

教师应该根据学生的反馈和课堂表现，及时更新教材和课程内容。商务领域的知识和实践经常发生变化，因此教师需要持续关注最新的商务趋势和发展，将这些信息融入教学中。教材更新还可以包括引入新的案例研究、行业动态和最新商业文档，以使学生接触到真实世界的商务情境。

3.个别辅导

个别辅导是为满足学生个性化需求而准备的。不同学生在学习商务英语方面可能存在不同的困难和需求。教师可以提供个别辅导，根据学生的水平和需求，为他们提供额外的支持和指导。这可以包括额外的练习、答疑解惑、个性化的学习计划等。通过个别辅导，教师可以更好地满足学生的学习需求，提高他们的学业成绩和深挖其职业发展潜力。

通过以上课前准备、课堂实施和课后布置和准备的步骤，商务英语情景教学模式能够更好地帮助学生理解和应用商务英语，为他们未来的职业生涯提供坚实的基础。同时，这种教学模式能够增强学生的实际技能和自信心。

第二节　商务英语混合式教学模式

随着科学技术的迅速发展，现代社会正经历着巨大的变革，这不仅影响了我们的日常生活，还深刻地改变了教育领域。在这个信息时代，学习者需要掌握更多的技能和知识，以适应不断变化的职场和社会需求。商务英语，作为国际商务沟通的关键工具，也受到了这种变革的影响。传统的课堂教学已经不再能够满足学生在商务英语学习中的需求。因此，混合式教学模式的出现应运而生，它将传统的面对面教学与现代在线教育相结合，为学生提供了更灵活、便捷、多样化的学习方式。

一、混合式教学概述

（一）混合式教学的定义与内涵

混合式教学，源自西方国家，源自对传统教育模式的反思和对现代科技的充分利用。莉兹·阿尼是混合式教学概念的倡导者之一，她强调混合式教学是一种正规的教育形式，将学习活动分为在线和实体场所两部分，允许学生在时间、地点、途径和学习进度上具有更大的自主权。这意味着学生可以根据自己的实际情况来规划学习，提高了学习的个性化和弹性。

混合式教学的定义强调了三个关键要素：正规教育项目、在线和实体场所学习、构成完整课程内容。这种教学方式并不是简单地将传统教育与在线学习相加，而是通过有机地整合两者，创造出一种更为综合的学习体验。学生既可以在在线环境中自主学习，又需要在实体场所接受监督，这两者相辅相成，共同构建了混合式教学的完整框架。

在我国，混合式教学的概念也逐渐被引入并得到拓展。何克抗教授提出，混合式教学是将传统课堂教学与在线学习相结合，强调二者的优势互补，以获得最佳学习效果。此外，黎加厚教授认为，混合式教学包括多个维度的混合，如学习理论的混合、学习资源的混合、学习环境的混合等，强调了多样性和整合性。李克东教授则将混合式教学视为在线学习和实体场所学习的有机整合，强调了教育要素的高效整合和学习效益的最优化。

综上所述，混合式教学是一种旨在通过整合不同的教学要素，提高学生学习积极性和学习能力，以达到最优学习效果的教育方式。它注重学生的主动性和自主性，同时强调在线学习和实体场所学习的互补性。混合式教学的核心在于学生在学习过程中扮演主角，而教师则起到监督和引导的作用。这种教育模式可以为学生提供更多个性化和灵活的学习机会，使他们更好地应对当今不断变化的挑战。

（二）混合式教学的基本特征

1. 以学习者为中心

在混合式学习环境中，教师不再是传统课堂教学的主导者，而是扮演辅助性的角色，致力于促进学生的自主学习和发展。混合式教学鼓励学生在学习过程中承担更多主动的角色。学生可以根据自身的学习需求和节奏，自主选择学习资源、制订学习计划，并参与课程中的互动和讨论。教师通过提供指导和支持，帮助学生培养学习的自主性和自律性。在混合式学习环境中，师生之间的交流和互动成为教师关注的重点。教师通过在线平台、讨论论坛、实时互动等方式与学生进行沟通和交流，提供学术指导和反馈。同时，教师鼓励学生之间的合作学习和协作，促进知识共享和思想碰撞。

混合式学习吸收了面对面学习和在线学习的优势，为学生提供了丰富多样的学习经验。学生可以通过线上学习获得更多的学习资源和互动机会，同时在线下课堂中与教师和其他同学进行面对面的交流和合作。这种丰富性的学习经验有助于学生综合能力的提升和全面发展。混合式学习环境给学习者提供了更大的自由度。学生可以根据自身的学习需求和兴趣选择合适的课程和学习路径。同时，学生可以根据自己的学习节奏和时间安排进行学习，灵活调整学习进度和学习方式。

教师在混合式学习中需要密切关注学生的心理变化。不同学习阶段的学生具有不同的心理特征和需求，教师需要根据学生的情况调整教学策略和支持措施，为学生提供积极的学习环境和心理支持。

2. 重视深度混合

混合式教学的另一个重要特征是重视深度混合。深度混合指的是在教学过程中将传统面对面教学和在线学习无缝地结合起来，以实现更高层次的互动、合作和个性化学习体验。

深度混合强调的是整合不同学习环境和资源，以创造更富有价值和丰富的学习体验。这种整合可以通过多种方式实现，例如：混合式教学可以将传统课堂教学和在线学习资源相结合，使学生能够在课堂上接触到丰富的教学材料、案例和实践活动。教师可以利用在线平台提供额外的学习资源，如视频、模拟实验、在线讨论等，以增强学生对知识的理解和应用能力。混合式教学鼓励学生之间的互动和合作。通过在线平台，学生可以与同学和教师进行实时的交流和协作。这种互动可以在课堂上进行，也可以在课后继续进行，从而促进学生之间的合作学习和知识共享。混合式教学提供了更多个性化学习的机会。通过在线学习平台，学生可以根据自身学习进度和兴趣选择适合自己的学习资源和活动。教师可以根据学生的学习表现和需求提供个性化的指导和支持，以满足不同学生的学习需求。

深度混合的目标是通过整合不同学习环境和资源，创造更丰富、灵活和个性化的学习体验，以提高学生的学习效果和参与度。深度混合的实施需要教师具备创新的教学方法和技能，同时需要学校和教育机构提供支持和资源，以促进混合式教学的有效实施和发展。

3. 注重师生之间线上线下的交流和互动

通过整合传统面对面教学和在线学习的优势，混合式学习可以提供更多交流和互动的机会，促进师生之间的紧密联系和有效的教学互动。

在传统课堂环境中，教师与学生的交流主要集中在课堂上，而在课堂之外的时间很难进行有效的沟通。这导致教师难以全面了解学生的学习需求、困惑和进展情况。然而，在混合式学习中，教师与学生可以通过在线学习平台进行线上交流和互动。教师可以利用各种交互工具，如在线讨论板、即时消息和视频会议等，与学生进行实时的互动和沟通。这使得教师能够更加及时地了解学生的学习情况、解答他们的疑问，并提供个性化的指导和支持。

同时，混合式学习提供了更多线下交流的机会。虽然在线学习的便利性和灵活性为学生提供了自主学习的机会，但面对面的交流仍然具有独特的价值。在混合式学习中，教师可以安排课堂活动和小组讨论，让学生在面对面的环境中进行交流和合作。这种实时的互动可以促进学生之间的合作学习、知识共享和思想碰撞，培养他们的团队合作和沟通能力。

通过线上线下的交流和互动，混合式学习强调了师生之间的紧密联系和互动。教师能够更好地了解学生的学习需求和进展情况，及时提供个性化的指导和支持。同时，学生能够更方便地向教师提问、寻求帮助，并与其他同学进行合作学习。这种师生之间的积极互动不仅可以促进学习效果的提升，还可以增强师生之间的关系，营造了积极、互助的学习氛围。

二、商务英语混合式教学模式构建

商务英语混合式教学模式的构建是为了适应现代信息技术与教学的深度融合，以及培养学生的综合能力和实践能力。该教学模式由课前自主学习、课上基于翻转课堂的互动学习以及课后实践学习三个关键阶段组成。

（一）课前线上自主学习

课前自主学习是商务英语混合式教学模式中的重要环节，它可以通过各种在线资源和工具来实现，包括MOOC（Massive Open Online Course，大规模开放在线课程）和SPOC（Small Private Online Course，小规模私有在线课程）等视频教育平台。

MOOC是一种开放式在线课程，通常由知名大学或机构提供。这些课程可以免费或付费参与，覆盖了各种主题，包括商务英语。

MOOC提供丰富多样的视频课程，以便学生在灵活的时间内学习。成千上万名学生可以同时注册参加MOOC课程，这种大规模的参与性质为学生提供了广泛的学习机会。MOOC平台通常包括讨论论坛、测验和作业，以便学生与其他学生和教师进行互动。

SPOC是一种小规模的私有在线课程，通常由学校或教育机构提供。相对MOOC，SPOC通常限制学生人数，以便提供更个性化的学习体验。SPOC课程可以更好地与学校或机构的课程内容和目标相匹配，因此更适合特定的学习需求。由于学生人数较少，教师可以更加容易地与学生进行互动，提供个性化的指导和支持。

在商务英语混合式教学模式中，学生可以通过MOOC和SPOC平台来进行课前自主学习。这些平台提供了灵活性和广泛性，使学生能够根据自己的兴趣和需求选择适合的课程，同时提供了与其他学生和教师互动的机会，有助于提高商务英语能力。具体可以通过以下环节来构建课前自主学习环境：

1. 选定合适的教材和内容

选择商务英语相关的教材和内容，确保其与课堂教学内容紧密相连，更加有针对性。

在MOOC或SPOC平台上寻找适合的商务英语课程或视频资源。这些资源可以包括专门的商务英语课程、商业新闻、商务演讲、商务英语沟通技巧等。

2. 建立自主学习计划

学生在课前应该制订学习计划，明确每周需要完成的任务和学习目标。

确定每个学习单元的学习时间，以便分配时间来观看视频、做笔记、完成练习等。

3. 视频观看和学习

学生可以通过MOOC或SPOC平台上的视频课程来学习商务英语知识。这些视频通常包含了讲解、案例分析、实际商务场景模拟等内容。

学生应该积极参与，做好笔记，并随时记录不懂的问题，以便后续在课堂上进行讨论和解答。

4. 在线讨论和互动

在MOOC或SPOC平台上，通常有在线讨论区或社交互动功能。学生可以在这里与同学和教师互动，分享自己的理解和观点，解答疑问。

教师可以在这些平台上定期参与，回答学生的问题，提供指导和反馈。另外，教师也可以建立微信群、QQ聊天群和学生进行互动。

5. 练习和测验

在课前自主学习阶段，学生应该完成与视频内容相关的练习和测验，以巩固所学知识。这些练习和测验可以包括选择题、填空题、阅读理解题等，帮助学生检验自己的理解程度。

6. 资源支持

学校和教师应该为学生提供必要的支持和资源，包括访问MOOC和SPOC平台的账号、技术支持、学习指导等。

总之，通过MOOC、SPOC等视频教育平台为学生提供了在商务英语教育中的自主学习机会。这种模式可以充分利用在线资源，帮助学生在课堂上更好地理解和应用所学知识，提高他们的商务英语能力。同时，教师在这个过程中扮演着指导和监督的角色，确保学生的学习进程顺利开展。

（二）线下课堂教学

商务英语混合模式的线下课堂教学阶段是对学生在线上学习过程中吸收的商务专业知识进行应用和输出的重要环节。以下是对商务英语混合模式线下课堂教学阶段的详细阐述：

1. 课堂导入和问题讨论

教师在课堂开始时，可以引导学生回顾线上学习阶段的内容，解答学生的疑惑和问题。学生可以将线上学习过程中遇到的难点、疑问和感兴趣的话题带到课堂上进行讨论。这样的问题讨论环节可以激发学生的思考和参与度，促进知识的深入理解。

2. 商务知识的内化和扩展

教师可以对线上学习的商务专业知识进行进一步的梳理和系统化，帮助学生形成一个完整的知识体系。教师可以通过讲解、演示、案例分析等方式，将知识点进行深入讲解和扩展，帮助学生更好地理解和应用商务英语知识。

3. 语言应用

在线下课堂教学阶段，学生可以通过各种交流活动和实践任务来应用商务英语语言技能。教师可以设计口语对话、角色扮演、商务演讲等活动，让学生运用所学知识和技能进行实际应用。通过这样的语言应用环节，学生能够提高口语表达能力、交际能力和商务沟通能力。

4. 小组合作和项目实践

教师可以组织学生进行小组合作和项目实践，让学生在团队中共同解决商务问题、完成商务任务。学生可以通过合作讨论、分工合作、汇报展示等方式，加深对商务知识的理解和应用，并培养团队合作和解决问题的能力。

5. 实时反馈和评价

在课堂教学过程中，教师可以给予学生实时的反馈和评价。通过对学生表现的评价，教师可以指导学生的学习方向和提供进一步的指导。同时，学生可以通过教师的反馈和评价来调整学习策略和提高学习效果。

通过商务英语混合模式的线下课堂教学阶段，学生能够将在线上学习过程中获得的商务专业知识进行应用和输出，加深对知识的理解和掌握。同时，学生能够通过语言应用、小组合作和项目实践等活动，培养语言技能、团队合作和问题解决能力，提高综合应用能力。教师的引导和反馈将起到重要的推动作用，帮助学生实现知识的内化和应用。

（三）课后实践训练

课后实践训练在商务英语混合模式中是非常重要的一环，它有助于学生巩固所学知识、提高语言应用能力，并将所学知识与实际情境相结合。以下是关于商务英语混合模式的课后实践训练的一些建议：

1. 实践任务

设计与商务英语相关的实践任务，让学生将所学知识应用到实际情境中。这些实践任务可以包括写商务邮件、制订商务计划、进行商务谈判等。通过实践任务，学生能够培养语言表达能力、思维逻辑和解决问题的能力。

2. 语言实践

鼓励学生主动参与商务英语的语言实践，如参加商务英语演讲比赛、商务会议或研讨会等。这些实践活动可以提高学生的口语流利度、自信心和演讲能力，同时也增加了学生与实际商务环境接轨的机会。

3. 项目研究

组织学生进行商务项目研究，让他们在小组或个人的基础上选择一个商务主题进行深入研究和分析。学生可以通过调查研究、数据分析、撰写报告等方式来完成项目研究。这样的实践训练可以培养学生的独立思考和问题解决能力，并提升他们的研究和分析技能。

4. 实践反馈

为学生提供实践训练的反馈机制，如针对实践任务和项目研究的评估和点评。教师可以对学生的实践成果进行评价，并给予建设性的反馈和指导。这样的反馈可以帮助学生发现自身的不足，并在后续的实践训练中加以改进。

6. 线上资源

利用线上资源扩展学生的实践训练机会。教师可以引导学生参与商务英语的在线讨论社区或参与商务英语相关的虚拟实境体验。这些线上资源可以提供更多的商务情境和机会，让学生在虚拟环境中进行实践训练。

通过课后实践训练，学生能够将所学的商务英语知识运用到实际情境中，培养实际应用能力和解决问题的能力。同时，实践训练有助于学生提高语言表达和沟通能力，并增加与商务领域的接触和了解。教师在实践训练中的引导和反馈起到关键的作用，帮助学生充分发挥所学知识的实际应用效果。

三、商务英语混合式教学存在问题及对策

（一）教学资源整合难

商务英语混合式教学需要整合线上和线下的教学资源，而教学资源的整合可能面临一些困难。线上资源和线下资源可能来自不同的平台或来源，如教材、网络课程、多媒体资料等，整合起来可能涉及版权、技术兼容性、内容统一性等问题。针对这个问题，商务英语教师可以采取以下对策：

第一，提供教师培训，使其熟悉并掌握不同教学资源的使用和整合方法。教师可以学习如何有效地利用各种教学资源，整合线上和线下资源，以提供更丰富、多样化的学习体验。

第二，高校建设一个统一的教学平台，集成各种教学资源。该平台可以包括在线课程、教材、多媒体资料、练习题等，方便学生和教师进行资源的查阅和使用。同时，确保平台的技术兼容性，使各种教学资源能够无缝地整合在一起。

第三，教师之间可以进行资源的合作与分享。教师可以共享自己制作的教学资源或推荐优质的在线资源，从而丰富整个教学团队的资源库。通过合作与分享，可以提高资源的质量和数量，满足学生的多样化学习需求。

（二）学习效果难统筹评价

商务英语混合式教学中，学生的学习效果可能难以统筹评价。线上学习和线下学习的评价标准和方式可能存在差异，学生的学习成果可能难以客观、全面地进行评估。

因此在商务英语混合式教学中，设定明确的学习目标对评价学习效果非常重要。教师应在教学过程中明确传授的知识和技能，学生也应清楚自己的学习目标。这样可以为评价提供明确的参考标准。同时，采用多元化的评价方式，包括考试、作业、项目报告、口语表达等。这样可以从不同角度综合评估学生的学习成果。另外，还可以运用自评、互评和教师评价相结合的方式，使评价更加客观和全面。并且及时向学生提供反馈，帮助他们了解自己的学习进展和不足。学生可以根据反馈进行调整和改进，提高学习效果。教师可以根据学生的反馈和表现，调整教学策略和方法，以提高教学效果。

（三）个体差异难适应

商务英语混合式教学中，学生的个体差异可能导致难以满足每个学生的学习需求。不同学生对学习的节奏、学习方式和学习内容有不同的需求和偏好。

教师应采用差异化教学策略，根据学生的不同需求和水平，提供个性化的学习支持。可以通过分层教学、个别辅导、小组合作等方式，满足学生的个体差异。为学生提供弹性的学习路径，使他们能够根据自己的学习进度和兴趣选择学习内容和学习方式。例如，提

供不同难度和类型的任务供学生选择,或者设置选修课程和专题研究,以满足学生的个性化学习需求。

教师应为学生提供充分的学习支持和指导。例如,可以设立常规的咨询时间,回答学生的问题和解决学习困惑。同时,教师应提供学习资源和学习工具的指导,帮助学生更好地利用教学资源和技术工具进行学习。

授人以鱼不如授人以渔,教师应该培养学生的自主学习能力,使他们能够独立地规划和管理自己的学习。教师可以引导学生学习如何设定学习目标、制订学习计划、寻找学习资源以及进行自我评估,从而提高学生的学习自主性和适应能力。

通过以上对策,可以更好地解决商务英语混合式教学中存在的问题。教师在整合教学资源、评价学习效果和适应个体差异时的努力,将有助于提高学生的学习成果和满意度,促进他们在商务英语学习中的全面发展。

第三节 案例教学法在商务英语教学中的应用

案例教学法作为一种以案例为基础的教学方法,在商务英语教学中已经被广泛运用。这种教学方法通过引入实际情境和真实案例,帮助学生将所学知识应用于实际商务场景中,培养他们的分析、解决问题和决策能力。案例教学法在商务英语教学中的应用不仅有助于提升学生的语言技能,还能培养他们在商务环境中的沟通能力和商业思维。

一、案例教学法概述

(一)案例教学法的定义和原理

案例教学法是一种基于实际案例的教学方法,它通过引入真实或虚拟的情境案例,让学生在实践中学习和解决问题。案例通常是基于真实商业场景或模拟情境,涉及真实的商务决策、挑战或成功案例。

案例教学法的原理是基于多个关键方面的。情境学习理论认为学习在具有情境和背景的环境中效果最佳。案例教学法通过引入真实或虚拟的案例情境,使学生能够将学习内容与实际应用相联系。这样的情境化学习能够促进知识的深入理解和记忆,使学生更容易将所学知识应用于实际情境中。建构主义认为学习是一个个体与环境互动的过程,学习者通过观察、探索、实验和反思,主动构建新的知识和意义。案例教学法构建了一个主动学习的环境,鼓励学生积极参与和探索。在案例教学法中,学生需要主动分析问题、提出解决方案,并通过讨论和合作与他人交流。这种主动学习的过程能够提高学生的学习动机和自主学习能力,使他们更深入地参与到学习过程中。

案例教学法强调问题导向的学习。案例通常包含一定的问题或挑战，学生需要通过分析和思考，找到解决问题的有效策略和方法。这种问题导向的学习过程可以培养学生的批判性思维和解决问题的能力，使他们能够在实际情境中应对各种挑战。

此外，案例教学法注重学生之间的合作学习和知识共建。学生通过小组或团队合作，共同分析案例中的问题，交流意见和观点，并通过合作解决问题。这种合作学习的方式可以促进学生之间的互动和知识的共享，使他们能够从不同的角度思考问题，拓宽自己的思维。

案例教学法强调实际应用和经验迁移。通过引入实际案例，学生可以模拟真实的商务决策和交流过程。他们在案例中积累实践经验，培养将知识和技能迁移到实际商务环境中的能力。这种实际应用和经验迁移的过程，使学生能够更好地应对真实的商业挑战和问题。

（二）案例教学法的优势和适用性

案例教学法在商务英语教学中具有许多优势和适用性，其中包括：

1. 实用性强

商务英语是一门实用性强的语言技能，学生需要掌握商业术语、交际技巧和跨文化沟通能力。案例教学法通过引入真实商务案例，帮助学生将所学知识应用到实际商务环境中，培养他们的商业思维和语言应用能力。

2. 激发学习兴趣

案例教学法通过引入生动有趣的案例情境，激发学生的学习兴趣和积极性。学生可以在实际案例中体验真实的商务挑战和解决方案，增加对商务英语学习的热情和动力。

3. 培养综合能力

商务英语教学不仅仅涉及语言技能，还需要培养学生的综合能力，如分析问题、解决问题、决策能力等。案例教学法通过让学生在案例中扮演真实角色，面对具体问题和挑战，培养他们的综合能力和实践能力。

4. 促进主动学习

案例教学法鼓励学生的主动学习和参与，学生需要积极探索和发现案例中的问题和解决方案。这种主动学习的方式可以提高学生的自主学习能力和问题解决能力。

5. 适用于不同学习者

案例教学法适用于不同类型的学习者，无论他们是理论导向的学生还是实践导向的学生。案例教学法可以满足学生的不同学习需求，通过案例的引导和讨论，适应不同学生的学习风格和学习节奏。

总之，案例教学法在商务英语教学中具有许多优势和适用性，可以激发学生的学习兴趣、培养实践能力、促进主动学习和合作学习，以及提升学生的综合能力和问题解决能力。通过引入真实案例和情境，学生能够更好地运用所学知识，为将来的职业发展做好准备。

二、案例教学法在商务英语教学中的应用

（一）案例教学法的实施步骤

案例教学法可以有效地应用在商务英语教学中。

1. 情境导入

情境导入通过引入真实的商务情境或虚拟的商务案例来激发学生的学习兴趣和动机。这种教学方法的主要目的是让学生能够更好地理解商务英语的实际应用，提高他们在商务场景中的语言技能和交际能力。以下是情境导入的几个要点：

第一，要选择适当的情境材料。可以使用真实的商务文档，如合同、报告、邮件、简历等，以便让学生熟悉商务文件的语言和格式。商业交流录音是一种有效的情境材料，可以帮助学生听懂商务会话中的语速、口音和表达方式。如果没有现成的真实情境材料，可以设计虚拟的商务案例或模拟商务场景，以展示商务英语在不同情境下的应用。

第二，创造沉浸式体验。在引入情境时，尽量模拟真实的商务环境，包括使用相关的视觉和听觉元素，如图片、视频或录音。

第三，在引入情境之前，可能需要提供一些背景知识，以确保学生能够理解情境的背景和重要性。这可以包括行业背景、公司信息、商业文化等方面的知识，以帮助学生更好地融入情境中。

第四，在引入情境后，设计与情境相关的任务和活动，让学生实际应用他们的商务英语技能。这些任务可以包括书面沟通，口头表达，角色扮演，团队协作等，以便全面培养学生的商务英语能力。

2. 问题导向学习

在案例中提出具体问题或挑战，激发学生的思考和解决问题的能力。这些问题可以涉及商务沟通、商务谈判、市场营销等方面的实际情境，要求学生分析问题、提出解决方案，并进行合理的商业决策。

问题导向强调在学习过程中引入具体问题或挑战，激发学生的思考和提高其解决问题的能力。在商务英语教学中，问题导向学习可以帮助学生更好地理解商务实践中的挑战，并培养他们的分析、决策和解决问题的能力。

问题可以涉及商务沟通、商务谈判、市场营销、战略规划等方面的实际情境。问题应该具体、明确，并能够激发学生的兴趣和好奇心。这些问题可以基于真实的商业案例或虚拟的情境，以确保学生可以在学习中应用所学知识。在引入问题后，鼓励学生进行思考和讨论。这可以通过小组讨论、课堂讨论、在线论坛或写作任务来实现。学生可以分享他们的观点、分析和解决方案，从而促进互动和知识交流。

教师要鼓励学生分析问题的各个方面，考虑不同的因素和影响。要求他们提出解决方案，并做出合理的商业决策。这有助于培养他们的判断力和实际应用能力。

3.学生分组讨论

在开始分组讨论之前,教师应该明确学习目标。确定学生应该达到的特定技能或知识目标,以便设计相应的案例和问题。

学生可以自行组建小组,或者根据课程要求由教师分组。要注意保持小组规模适中,以确保每个学生都有机会参与和发言。如果可能,多样化小组,以融合不同的背景和技能。

分组成员可以担任不同的角色,如发言人、记录员和时间管理者,以确保讨论有组织且高效。同时,明确的问题或任务可以引导学生的讨论,要求他们运用商务英语技能和知识来分析和解决问题。设置时间限制有助于培养学生的时间管理技能,并确保讨论不会拖延。

在分组讨论的过程中,教师的监督和支持至关重要。教师可以提供必要的指导,回答疑问,并确保讨论保持有序和建设性。每个小组在讨论结束后应总结他们的观点和解决方案,并与整个班级分享。这种分享可以促进更广泛的讨论和思考。

最后,教师应该评估学生的表现,包括参与度、讨论质量、解决问题的能力以及对商务英语知识的应用。这种评估可以帮助学生了解他们的强项和改进的空间,并帮助教师调整教学策略以满足不同学生的需求。

4.实践应用和角色扮演

案例教学法提倡学生将所学知识应用于实际情境中。可以设计角色扮演活动,让学生在模拟商务场景中运用商务英语进行交流和决策。这样的实践应用可以帮助学生将理论知识转化为实际技能,并提高他们在商务环境中的语言运用能力。

教师为每个学生分配明确的角色和任务。确保每个角色都与所选情境相符,例如,一位学生可以扮演销售经理,另一位可以扮演客户。在开始角色扮演之前,为学生提供必要的信息和情境背景,以便他们可以更好地理解自己的角色和任务。这可以包括关于公司、产品、市场等方面的信息。创建具体的情节和场景,引导学生开始角色扮演。确保情节具有挑战性,要求学生应用商务英语进行交流。在角色扮演过程中,教师可以充当观察者和引导者的角色,监督学生的表现,提供反馈和指导,确保角色扮演活动达到预期的学习效果。

在角色扮演结束后,鼓励学生总结经验,分享他们的观点和解决方案。促进讨论,让学生反思他们的表现和学到的教训。教师可以评估学生在角色扮演活动中的表现,包括他们的语言运用、交流技巧、决策能力等。这有助于了解学生的进步和需要改进的领域。

5.进行反思和总结

鼓励学生在小组或个人层面进行反思。思考他们在案例学习中的角色和责任,他们的成功和挑战,以及他们的贡献。学生可以记录他们的反思,以备以后参考。安排时间,让学生分享他们的学习经验和观点。这可以通过小组讨论、课堂讨论、在线论坛或书面报告来实现。分享可以促进知识交流和学生之间互相学习。

教师可以引导学生提取教训和启示。内容可以包括他们所学到的关键概念、技能和策略。可以用以下问题来帮助学生进行反思：

"在案例学习中，我学到了什么关键的商务英语技能？"

"我在与其他学生的互动中学到了什么？"

"我在解决问题和做决策方面有哪些新的见解？"

最后，学生应该思考如何将他们从案例学习中获得的知识和经验应用到未来的学习和实践中。他们可以制订具体的行动计划，以提高他们的商务英语技能和应用能力。学生可以创建学习文档，记录他们的反思和总结。这些文档可以包括案例学习的要点、教训和个人学习计划，以便日后参考和追踪学习进展。

通过反思和总结，学生可以更好地理解他们的学习过程，提高他们的学习能力，并将所学知识和经验有机地融入未来的学习和实践中。这有助于培养他们的持续学习能力和自我提高的动力。

（二）案例选择与准备

案例选择和准备是商务英语教学中应用案例教学法的重要环节。以下是案例选择和准备的几个关键方面：

1. 目标与内容匹配

选择与商务英语学习目标和内容相关的案例。案例应该涵盖商务沟通、市场营销、商业谈判、国际贸易等方面的实际情境，以便学生能够将所学知识应用到实际商务场景中。

2. 真实性与可信度

选择真实的商务案例，可以是真实的企业案例或行业案例，或者是基于真实情境进行编写的虚拟案例。确保案例的可信度，使学生能够感受到商务英语在实际商务环境中的应用和重要性。

3. 多样性和复杂性

选择具有多样性和复杂性的案例，以提供学生面对各种商务挑战和问题的机会。案例可以涉及不同类型的企业、不同行业的情境，或者是跨文化交流和国际商务等方面的案例，使学生能够综合运用所学知识和技能。

4. 案例材料准备

准备案例所需的材料，包括相关的商务文件、邮件、报告、谈判记录等。确保案例材料的质量和充分性，使学生能够在分析和解决问题时有足够的信息支持。

5. 问题设计与引导

为案例设计具有挑战性和启发性的问题。问题应该引导学生思考案例中的关键问题、商务决策和解决方案，并激发学生的批判性思维和创造性思考。

6. 案例讲解与背景知识

在引入案例时，提供必要的背景知识和相关概念解释。确保学生对案例所涉及的行业、企业背景和商务术语有一定的了解,以便他们能够更好地理解和分析案例。

通过精心选择和准备案例,教师可以提供具有挑战性和实践性的学习材料,激发学生的学习兴趣和动机,并为他们提供实践运用商务英语的机会。同时,案例的选择和准备需要结合教学目标和学生的需求,以确保案例教学的有效性和适应性。

三、案例教学法在商务英语教学中的挑战和对策

(一)学生的接受度和适应性

在商务英语教学中采用案例教学法,虽然有很多优点,但也面临一些挑战,其中之一是学生的接受度和适应性。

商务英语课堂上可能有来自不同文化背景、专业领域和英语水平的学生。因此,案例教学法不一定适合每位学生,因为不同学生对这种教学方法的接受度和适应性可能不同。学生对商务英语课程的需求和期望各不相同。一些学生可能更侧重实际应用,而另一些学生可能更关注理论知识。因此,案例教学法可能无法满足所有学生的需求和期望。

为了解决这个问题,教师可以采取以下方法:

1.实施个性化教学

了解学生的背景和需求,采取个性化教学方法。这意味着根据学生的水平和需求,灵活地调整案例的难度和内容。提供不同难度级别的案例,以满足不同学生的学习要求。

2.与其他教学方法相结合

在商务英语教学中,不要仅仅依赖案例教学法。根据学习目标和内容的不同,结合多元化的教学方法,包括讲座、小组讨论、角色扮演、实际案例分析等。这样可以满足不同学生的学习风格和偏好。

3.鼓励学生反馈

鼓励学生提供反馈,了解他们对案例教学法的看法和建议。这可以通过课堂讨论、匿名调查或个别会谈来实现。根据学生的反馈,调整教学方法和案例的选择。

4.建立学习共同体

在商务英语课堂中鼓励学生建立学习共同体,通过合作和互相支持来解决挑战。学生可以相互分享经验和策略,帮助彼此适应案例教学法。

5.培养学生的自主学习能力

自主学习能力有助于个体在不断变化的学习和工作环境中适应和成功。培养自主学习能力有助于学生终身学习,提高问题解决和创新能力,增强自信心,更好地实现个人和职业目标。

在商务英语课堂上培养学生的自主学习能力,教导他们如何有效地处理不同的教学方法和学习情境。这将使学生更有信心地应对各种教学挑战。

(二)教师的指导

商务英语教学中,案例教学法虽然是一种非常有效的教学方法,但它面临着一系列挑战。

首先,案例教学要求教师具备高水平的课堂组织能力和引导能力,以引导学生深入分析商务情境并进行讨论。然而,一些教师可能习惯传统的课堂教学方式,缺乏启发式教学的技巧和经验,这使得教师在案例讨论过程中难以适时引导学生,导致课堂讨论容易偏离主题,甚至演变为争吵,从而会影响案例教学的效果。为了解决这一问题,学校和教育机构可以提供专门的教学培训,帮助商务英语教师掌握案例教学的基本原理和技巧。这种培训有助于提高教师的专业知识水平,使他们更能够有效地组织和引导课堂讨论。此外,学校还可以提供案例教学所需的教学资源,包括案例库和相关教材,以帮助教师更好地准备和组织案例教学。

其次,是教师在案例教学中可能会过于干预学生的思考过程,忽视了学生的主体地位。在案例教学中,学生应该扮演主要角色,积极参与讨论和分析案例,而不是被动接受指导。为了解决这个问题,教师可以建立学生中心的课堂,鼓励学生在案例分析中发挥主动性,提供机会让学生自行提出问题、分析情境,并分享他们的见解。这有助于培养学生的批判性思维和问题解决能力,同时也会增强他们在案例教学中的参与度。

(三)案例教学法对商务英语教材和资源的获取

在案例教学法中,商务英语教材和资源的获取问题值得关注。商务英语领域的案例教材数量有限,并且难以满足多样化的教学需求。真实的商务英语资源,如商务文件和行业报告,通常难以获取,尤其对学校或教育机构来说,这限制了案例教学的实施。商务领域的变化较快,但商务英语教材的更新速度相对较慢,这导致了教材内容与实际情况不符的情况。

为了解决这一问题,有几项对策可以被采纳。首先,教师可以自主制作案例,以满足特定课程和教学目标的需求。这包括整理实际商务文件、模拟商务情境或进行案例创作,以确保案例内容贴近实际情况。其次,教师可以利用互联网资源,主动查找商务英语相关的新闻报道、企业案例分析、行业研究等。这些在线资源可以丰富案例教学的内容,并与实际商务世界保持同步。最后,为了跟踪商务领域的最新动态,教师应积极订阅商业新闻、行业报告和学术期刊,以确保案例教学内容具有实用性和时效性。

同时,教育机构可以鼓励教师之间的合作与分享。教师可以共享自己制作的案例教学资源和教学经验,以共同提高案例教学的质量。利用多媒体教学和在线教育平台,教师可以更灵活地获取和分享商务英语案例和资源,增加教材的多样性和提高更新速度。

第四节　校企合作视角下的商务英语教学模式研究

为了更好地满足学生的职业需求，高校商务英语教学必须不断创新，以适应不断变化的商业环境和企业需求。本节将聚焦校企合作视角下的商务英语教学模式研究，探讨校企合作的概念与内涵，并深入研究基于校企合作的商务英语教学模式。

一、校企合作概述

（一）校企合作概念

校企合作是指高等教育机构（如大学、学院等）与企业之间建立密切关系，合作共赢，以促进双方的共同发展和实现共同目标的一种合作模式。这种合作涵盖了多个领域，包括教育、培训、科研、人才培养等。

校企合作的概念强调高校和企业之间的紧密合作与协作，旨在将学术界的知识和资源与商业界的需求及实践相结合。这一合作关系有助于高校更好地满足学生的职业需求，培养更具竞争力的人才，同时有助于企业获取高素质的员工，并加强自身的创新和发展能力。

校企合作的核心特点包括资源共享、知识传递、技术合作、实践教育等方面的合作内容。通过紧密的合作，高校可以更好地理解市场需求，调整教学内容，提高课程实用性，为学生提供更好的职业发展机会。企业可以从高校的研究成果中获益，获得新的技术、创新和解决方案，同时可以参与人才培养过程，为自身招聘和发展提供更多机会。

总之，校企合作是一种有助于高校和企业实现共同发展目标的合作模式，通过促进知识、资源和经验的交流，为学生和企业提供更多机会与优势，以应对不断变化的职业和市场需求。

（二）校企合作的内涵

1.创新人才培养模式

创新人才培养模式是校企合作的核心内涵之一，它强调高校与企业之间的紧密合作，以满足现代社会和企业对高素质技能型专门人才的需求。

校企合作使高校能够实时洞察企业对教育的要求和人才需求的信息及动向。通过与企业密切互动，高校能够了解最新的行业趋势、技术进展和市场需求。这可以为高校提供宝贵的信息，有助于调整课程内容和教学方法，确保培养出更具竞争力的毕业生。

高校可以根据校企合作的信息和洞察，灵活地更新课程体系和专业教学标准。这意味着高校可以更快地响应行业变化，确保教育内容与职业要求保持一致。通过与企业合作，高校可以调整和改进课程，以培养出更适应市场需求的毕业生。校企合作有助于高校集中资源和精力，以推动重点专业和专业群的建设。高校可以根据企业需求，优化专业结构，确保所提供的课程与就业市场需求相匹配。这有助于提高学生的就业机会和竞争力。

总之，校企合作有助于提高人才培养的质量。通过将教育与实际应用相结合，学生能够更深入地理解专业知识，并在实际工作中培养学生解决问题的实际技能。这有助于培养更具实用性和职业竞争力的毕业生。

2.共享资源，实现学校和企业的互惠互利

（1）知识资源共享

校企合作促使高校与企业之间共享知识资源。高校拥有丰富的教育和研究资源，包括教师、研究成果和图书馆等。通过与企业合作，高校可以将这些资源与企业分享，帮助企业解决问题、进行创新研发，并提供行业洞察。企业可以将最新的实践经验和领域专业知识分享给高校，为教育提供实际案例和应用场景。

（2）物质资源共享

校企合作涉及物质资源的共享。高校和企业可以共享实验室设备、技术设施、实际工作场所等资源。这有助于高校提供更好的实践环境，同时帮助企业降低研发成本和提高生产效率。

（3）经验资源共享

企业通常拥有丰富的实际经验和行业洞察，这些经验资源对高校的教学和学生职业发展非常宝贵。校企合作使得企业能够将其经验资源分享给高校，为学生提供实际案例、项目合作和职业指导。同时，高校可以分享教育领域的最佳实践和教学经验给企业，帮助企业更好地培养和发展员工。

（4）研究合作

校企合作涉及研究领域的合作。高校和企业可以共同进行研究项目，共享研究成果和知识产权。这有助于推动创新和技术发展，同时为学生提供了参与实际研究的机会。

共享资源的最终目标是实现学校和企业的互惠互利。高校通过与企业合作可以获得更好的实践环境、最新的行业知识和案例，有助于提高教学质量和学生竞争力。企业可以获得高校的研究成果、培训服务和优秀的人才，从而促进自身的创新和发展。

在校企合作的框架下，商务英语教学模式得以创新，以更好地满足学生的职业需求和提高他们的竞争力。

（三）校企合作常见模式

1.订单式人才培养模式

订单式人才培养模式是一种定制化的教学模式，旨在根据企业的需求培养符合其要求的商务英语专业人才。这个模式通常涉及以下步骤：

（1）高校与企业合作，首先要深入了解企业的具体需求，包括技能要求、岗位职责、行业背景等。

（2）基于企业需求，高校设计和定制课程，确保教学内容紧密对接实际工作要求。

（3）学生在学习期间参与与企业合作的实践项目，解决实际商务问题，提高实际应用技能。

（4）企业派遣导师或专家与高校教师合作，指导学生，并提供实际案例和行业见解。

（5）企业与高校合作，为学生提供就业机会或实习岗位，确保他们顺利步入职业生涯。

订单式人才培养模式的优势在于其高度的个性化和实际应用性，能够确保学生毕业后能够迅速适应企业的需求和工作环境。

2. 企业导师指导体系

企业导师指导体系是建立在校企合作基础上的一种教学模式。它包括以下要素：

（1）企业内部专业人士或管理者担任学生的导师，提供个性化的职业指导和技能培训。

（2）学生与企业导师合作，参与实际项目，解决真实商务问题，培养实际技能。

（3）企业导师与高校教师紧密合作，将实际案例、行业趋势和实际经验融入教学。

（4）企业导师不仅可以指导学生，也可以从学生中获得新思维和创新观点。

企业导师指导体系将高校与企业紧密联系在一起，为学生提供职业培训和指导，有助于培养适应职业市场需求的毕业生。

3. 校内模拟企业

校内模拟企业是为商务英语学生提供仿真商业环境的教学模式。关键特点包括：

（1）学生在模拟企业中扮演不同角色，如经理、销售员、市场专员等，进行模拟商务活动。

（2）学生参与模拟企业的实际运营，包括市场调研、产品开发、销售推广等。

（3）学生在团队中合作，模拟真实商业环境中的合作和协商。

（4）课程与模拟企业活动相结合，使学生在实际情境中运用所学的语言和技能。

校内模拟企业模式通过实践性强、团队合作、实际操作等方式培养学生的商业技能和职业素养。

4. 工学交替模式

工学交替模式是一种将理论学习和实际工作相结合的教育模式。这种模式包括：

（1）学生在一定周期内交替进行学习和实际工作。例如，他们可能在学期期间在校内学习商务英语，然后在学期结束后在企业进行实习。

（2）实习期间，学生将所学知识应用于实际商务环境，与专业人士一起工作，积累实际经验。

（3）高校教师在学生实习期间提供指导和监督，确保学生顺利完成任务并将理论知识应用到实际情境中。

工学交替模式有助于学生更深入地理解课程知识，培养他们的实际技能和职业素养，为职业发展奠定坚实的基础。

二、基于校企合作的商务英语教学模式构建

为了培养符合社会需求的出色商务英语人才,学校和企业需要确定清晰的定位,并积极探索有效的校企合作途径,以实现双方的共同发展目标。在这个过程中,商务英语课程的教学策略在校企合作模式下应不断得到改进,以促进商务英语学科的不断发展。

(一)完善课程体系

课程体系是校企合作的关键方面。学校应根据学生未来的就业需求和行业发展需要来设计商务英语课程,确保学生在完成学习后具备关键的岗位能力。企业作为了解商务英语人才需求的专家,可以提供最合理的建议。

首先,企业可以提供专业的分析报告,参与课程体系的构建过程。他们可以结合行业发展前景和趋势,提炼出关键的岗位能力,并提供具体的分析报告。这些报告可以成为学校构建课程体系的科学依据,解决学校课程建设与企业需求脱节的问题。

其次,学校应结合企业的意见,合理设置课程。学校可以根据自身的教学情况,参考企业提供的岗位能力分析报告,构建商务英语技能和知识体系。通过优化现有的商务英语实践技能课程、能力表达课程、学科知识课程和公共基础课程,提升课程的实用性。学校和企业共同合作建设商务英语课程,可以确保课程具有针对性和有效性,满足不同行业对学生能力的要求。这种合作机制既可以给予企业更多发挥的空间,也能激发企业参与校企合作的积极性。

(二)企业提供专业实训基地

实训基地是商务英语教学校企合作的重要组成部分。学校在建立这些实训基地时需要维护好校企双方的利益平衡,确保企业愿意积极参与合作,并能够制订出切实可行、有效果的合作计划。

在这种模式下,学生在接受了学校的理论教学后,有机会进入企业提供的实训基地进行实际锻炼,将理论与实践紧密结合。以电商产业园为例,学生可以观摩国际商务活动的运营方式,并在工作人员的指导下参与实际案例操作。这种实践使学生能够更好地适应未来的工作岗位和环境,并为未来应对激烈的竞争做好充分准备。

企业可以通过设置各种教育游戏和分组竞技等方式来提高学生的综合素养,进一步提升他们的实际操作技能。完成实训后,企业和学校会共同评估学生的实训表现,只有成绩合格的学生才能获得结业证书。

这种校企合作模式使学生能够将在理论学习得到的知识应用到实际操作中,同时可以提升他们的综合素养。对一些表现出色的学生,还有机会继续深入实习,并在达到一定标准后顺利进入工作岗位。这种互动式的校企合作可以为学生提供宝贵的实践经验,有助于他们更好地融入职场,迅速适应工作要求。

（三）教师进入企业学习

教师的专业能力对学生的发展起着关键作用。他们不仅需要具备丰富的理论知识，还应具备一定的商务英语实际工作经验，深刻了解企业的用人标准、发展趋势和运作方式。只有在既有理论基础又有实践经验的基础上，教师才能够胜任商务英语学科的教学任务。

在校企合作中，为了提升教师的专业素养，可以采用一些有益的策略。例如，教师可以获得机会离开教室，走进企业，亲身感受商务英语领域的实际情况。通过与企业互动，他们可以了解企业对商务英语人才的需求、非教育类岗位的工作性质和要求。这种实践锻炼有助于教师提升实际应用能力，积累宝贵的现场经验，并将这些经验应用于课堂教学中，提升教学的实际适应性和针对性。

此外，学校可以为教师提供多种优惠政策，鼓励他们进入一线企业进行深造。这种政策可以鼓励教师的自我提升，并可以为商务英语专业的教育工作提供更多的支持。同时，教师也可以回馈企业，提供专业的语言帮助，协助企业进行职工培训活动，实现互惠互利的局面。

（四）完善课程教学考核制度

为了提高校企合作模式下的商务英语课程教学效果，并鼓励学生全面发展，必须对课程教学考核制度进行改进。以下是改进课程教学考核制度的一些建议：

第一，多元化评价方式：传统的笔试考核模式应该与其他多元化的评价方式相结合，包括即时评价、形成性评价和终结性评价等。这样可以更全面地评估学生的商务英语学习过程和成果，以及他们的能力和素养。同时，参考企业导师和学校教师的评价结果，从多个角度来评估学生的实训参与和课程学习成果，激励学生积极参与实践活动。

第二，职业资格考试：课程考核可以加入与商务英语相关的职业资格考试题型。这有助于学生更好地理解商务英语资格考试的内容和要求，鼓励他们提前参加考试，为未来的就业做好准备。此外，可以将通过职业资格考试作为一项学分奖励规则，以鼓励学生积极备考和参加考试。

第三，强调思想品德考核：除了专业知识和技能，课程考核还应重视学生的思想品德和职业道德。这些品质在商务领域中同样重要，但在以往的考核中通常被忽视。学生的责任心、敬业精神、忠诚度、感恩之情以及团队协作能力都应成为考核的重要组成部分。这将有助于培养出德才兼备的商务英语人才，满足企业对高素质员工的需求。

通过改进课程教学考核制度，学校和企业可以更好地合作，确保商务英语课程的教学质量和学生的综合素质提高，从而实现双方的共同发展目标。这种改进将为学生提供更多的机会和动力，促使他们更全面地发展自己，为未来的职业成功做好准备。

（五）建设商务英语实训室

建设商务英语实训室是提升商务英语教育质量的重要举措。这种实训室可以提供学生

一个模拟商务环境的场所,让他们在实际操作中锻炼和提高商务英语技能。以下是有关建设商务英语实训室的建议:

1. 模拟商务环境

实训室应当模拟真实的商务工作环境,包括办公室、商务会议室、展示区等。这有助于学生更好地适应未来的职业工作环境,提前熟悉商务场景。

2. 多媒体设备和技术支持

实训室应该配备各种多媒体设备,如投影仪、音响系统、电子白板等,以支持教学和学习。学生可以利用这些设备进行演示、演讲、模拟商务会议等活动。

3. 实际案例和项目

实训室可以提供实际的商务案例和项目,供学生练习和分析。这有助于学生将理论知识应用到实际工作中,培养解决问题的能力。

4. 语言学习资源

实训室应提供丰富的商务英语学习资源,包括商务英语课程教材、商务新闻、商业文档等。学生可以在这里学习和练习商务英语口语和写作。

5. 导师指导

实训室可以安排导师或专业人士提供指导和反馈,帮助学生改进他们的商务英语技能。导师可以分享实际工作经验和行业见解。

通过建设这样的商务英语实训室,学校可以为学生提供更实际的学习体验,帮助他们更好地面对未来的商务职业。实训室可以成为校企合作的平台,为企业提供培训和人才输送,实现共同发展的目标。

三、校企合作存在问题及对策

校企合作虽然在高等教育领域具有重要意义,但也伴随着一系列问题。下面将详细讨论这些问题以及相应的对策。

(一)合作主体间利益难调节

在校企合作中,学校和企业拥有不同的利益和目标,这可能导致合作过程中的利益冲突。学校注重教育质量和学术研究,而企业更关注实际的人才培养效果和经济回报。

解决这一问题的关键是确立明确的合作目标。学校和企业应该共同制订清晰的合作计划,明确合作的目标、范围和时间框架,以便更好地理解彼此的期望。此外,建立合理的利益分配机制也非常重要。可以采用定量的指标来衡量合作成果,然后根据成果来分配利益,以确保双方获益。

(二)环境建设需要长期运行

校企合作需要一个稳定的合作环境,而一些合作项目可能在短期内难以取得明显成果。如果没有长期的支持和资源投入,这些项目就可能无法持续运营。

为解决这个问题，学校和企业可以建立长期的校企合作机制。通过签订长期合作协议，明确各自的责任和义务，可以确保合作项目的持续性。此外，政府和社会各界也可以提供长期的支持和资金，以帮助维持合作环境的稳定。

（三）相关政策法律支持不足

校企合作需要政府的相关政策和法律支持，以保障合作的合法权益和权责清晰。

对此，政府应积极介入，制定和完善相关政策法规，为校企合作提供明确的法律框架。这包括规定合作的程序和条件、知识产权保护、合同执行等方面的规定。另外，政府还可以提供财政和税收政策的支持，鼓励更多的学校和企业参与合作。

校企合作虽然是高等教育与产业融合发展的重要途径，但也面临着一系列问题。通过明确合作目标、建立长期合作机制、制定相关政策法规等措施，可以有效解决这些问题，推动校企合作取得更多的成果，实现双方的共同发展目标。同时，合作主体之间的密切沟通和协商也是解决问题的关键，只有通过合作，才能充分发挥各自的优势，实现互利共赢。

第五节　任务驱动的商务英语教学模式

商务英语已经成为全球商业领域不可或缺的一部分。随着国际贸易和商务活动的增加，对有效的商务沟通变得越来越重要。为了满足这一需求，商务英语教育也在不断发展。在这一背景下，任务驱动的商务英语教学模式逐渐崭露头角，引起了教育界的广泛关注。

任务驱动教学模式是一种基于实际任务的学习方法，它强调学习者在解决真实问题和完成实际任务的过程中提高语言能力。

一、任务驱动教学法概述

（一）任务驱动教学法的定义

任务驱动教学法是一种语言教学方法，其主要目标是通过学生完成实际任务来帮助其学习一门外语。这个方法的核心理念是将语言学习与实际交际和应用紧密结合，使学生能够在真实的语境中运用所学的语言技能。以下是任务驱动教学法的一些关键特点和定义要点：

任务驱动教学法侧重教授语言，以便学生能够完成特定的任务，而不仅仅是传授语法和词汇。

任务通常被设计成在真实世界中有意义的活动，如讨论问题、解决问题、角色扮演、信息交流等。

语言在任务驱动教学中是达成任务的工具，因此语言技能的提高是通过任务的完成来实现的。

学生在任务中扮演积极的角色,他们需要自主选择使用哪些语言技能来达成任务目标。

任务完成后,教师和同学通常提供反馈,帮助学生改进他们的语言技能,并评估他们在任务中的表现。

任务通常被组织成一系列逐渐复杂的任务,以适应学生的语言水平和学习需求。

总之,任务驱动教学法的主要目标是通过让学生在实际情境中使用语言来提高他们的语言技能,使语言学习更具实际应用性和互动性。这种方法强调学生的主动参与和自主学习,以及语言技能的自然习得过程。

(二)任务驱动教学的理论基础

任务驱动教学的理论基础建立在以下重要理论框架和原则之上:

1. 交际语言教学理论

任务驱动教学是作为交际语言教学的一种变体而出现的。交际语言教学理论强调语言的主要目的是实现交际和沟通,而不仅仅是学习语法和词汇规则。任务驱动教学将这一理念应用到任务设计和执行中,强调学习者通过语言来解决实际问题和完成任务。

2. 习得与教学理论

任务驱动教学借鉴了习得理论的概念,强调学习者通过在实际任务中使用语言来获得语言技能。这一理论基础认为,语言学习应该是有目的的,与学习者的实际需求和目标相关。

3. 社会文化理论

社会文化理论强调学习是社会和文化环境的产物,强调学习者通过参与社交互动来获取语言和文化知识。任务驱动教学的任务通常涉及社会互动和合作,有助于学习者在真实情境中构建意义并发展语言技能。

4. 认知语言学习理论

认知语言学习理论认为学习者是积极参与学习过程的,强调学习者在任务完成中通过认知过程来获取和处理信息。任务驱动教学的任务要求学习者思考、解决问题和应用知识,与认知理论相符。

5. 任务完成假设

任务驱动教学的一个关键理论基础是任务完成假设,即在执行任务的过程中,学习者会投入任务中,忽略一些语法和词汇错误,以完成任务。这一理论基础强调任务的实际性和学习者的任务导向性。

6. 输入假设

输入假设认为学习者通过接触和理解比他们自己当前水平高的语言输入来习得语言。在任务驱动教学中,任务的输入通常略微超出学习者的当前水平,以促进语言学习。

（三）任务驱动教学法的优势

任务驱动教学法是一种教学方法，强调学生通过实际任务来获取知识和提高技能。它具有以下优势：

第一，任务驱动教学法将学习与实践结合，让学生直接参与解决实际问题或完成实际任务。这样的学习方式能够迅速激发学生的学习兴趣和主动性，使他们更快地投入到学习中。

第二，任务驱动教学法注重学生解决问题的能力培养。通过面临实际任务的挑战，学生需要运用已有的知识和技能，主动寻找解决问题的方法和策略。这种问题导向的学习方式有助于培养学生的批判性思维和解决问题的能力。

第三，任务驱动教学法通常以跨学科的方式设计任务，要求学生综合运用各种知识和技能来解决问题。这种综合性的学习使学生能够将不同学科的知识联系起来，形成更全面的学习视角和思维方式。

第四，任务驱动教学法将学习与实际应用相结合，使学生能够在实际场景中应用所掌握的知识和技能。这种实践性的学习方式有助于增强学生的学习成就感和自信心，同时也可以提高其学习成果的实用性和可行性。

第五，任务驱动教学法注重学生的主动参与和学习兴趣的培养，能够更好地满足不同学生的学习需求和兴趣特点。学生可以根据自己的兴趣和能力选择任务，并通过任务的完成来实现个性化的学习目标。

二、任务驱动的商务英语教学模式

（一）商务英语的教学要求

商务英语的教学要求与一般的通用英语课程有所不同，因为商务英语属于特殊用途英语（ESP）范畴。在应用任务教学法时，教师需要先了解学习者的目的和动机，分析学习者在未来使用英语时的情况，确定他们在交际过程中所需的语言知识和技能。然后，根据这些分析结果，有针对性地设计任务并组织教学。

在商务英语课程中，教师需要系统介绍商务知识，帮助学生了解和熟悉商务环境。同时，教师要重点巩固和提高学生在基础英语阶段所学到的语言知识和听、说、读、写的技能。教学内容要结合具体的商务内容，并有针对性地扩大学生的商务词汇量。此外，教师还需培养学习者阅读理解商务材料的能力，并最终使他们能够熟练运用商务英语进行商务活动。

因此，商务英语教学要求教师对学习者的需求进行深入分析，并根据分析结果进行有针对性的教学设计。教师需要注重培养学生的商务背景知识、语言技能和交际能力，以使他们在商务领域中能够自如地运用英语进行沟通和交流。这样的教学目标和要求使得商务英语教学在应用任务教学法时需要特别关注学习者实际商务场景、专业术语的使用和专业交际技巧的培养，以满足学习者在商务环境中的实际需求。

（二）任务驱动的商务英语教学原则

任务驱动的商务英语教学原则包括以下几个方面：

1. 任务真实性原则

教师在商务英语课堂中应设计真实、实际的任务，使学生能够在任务中体验和学习实际的语言使用情境。任务的情境和语言形式应符合实际商务环境中的功能和规律，帮助学生在自然的语言环境中学习。

2. 语言形式和功能相结合原则

任务设计应注意语言形式和语言功能的结合。学生在完成任务的过程中，不仅要掌握语言形式，还要培养运用语言功能的能力。任务中使用的语言应具有交际性，要注重学生语言的完整性、流畅性和正确性。

3. 任务活动多样化原则

商务英语课堂中的任务活动应多样化，以适应不同类型的学生参与。任务的难度和层次应根据学生的能力进行调整。任务的完成应能够展示学生的成果，并提供思考和操作的模式，使学生能够自主进行学习和完善。

4. 目的和行动相关联原则

任务驱动的商务英语教学要求学生通过完成具体任务来学习语言，并实施特定的语言行动以达到特定的学习目的。学生通过任务的完成来积累学习经验，并展示他们的学习成果。

5. 学生参与原则

任务驱动的商务英语教学要给学生充分发挥想象力和创新能力的空间，激发他们的讲话冲动和表达欲望。教师应具备良好的组织能力，引导学生在有表达欲望的活动中得出结论。

总之，这些原则能够帮助学生在商务英语教学中更好地运用所学知识和技能，提高他们在商务环境中的语言交际能力。

（三）任务驱动的商务英语教学模式的实施过程

任务驱动的商务英语教学模式的实施过程可以按照以下六个教学程序进行设计和展开。

1. 基础知识铺垫

在开始任务教学前，教师需要向学生简要介绍本章或本节要学习的主要内容，并引入相关的概念、术语和常识。这一步骤旨在为学生提供必要的背景知识和基础，为后续任务的理解和完成做好准备。

2. 前期任务导入

在基础知识铺垫之后，教师可以引入一个具体的任务，该任务与学生在日常生活中较为熟悉的话题相关。通过引入任务，激发学生的兴趣和好奇心，同时将任务与商务英语的实际应用情境联系起来。

3.学生自主学习

在任务导入之后，学生会被激发并鼓励进行自主学习。他们将积极阅读相关的材料、查找资料，并在需要时向教师寻求帮助。这一阶段强调学生的主动性和自主性，他们需要通过自主学习来进一步掌握任务所需的商务英语知识和技能。

4.分组学习讨论

在学生自主学习的基础上，教师可以将学生划分为小组，进行分组学习讨论。学生可以使用目标语言进行小组内的讨论、配对练习、角色扮演、正反方辩论等活动，以完成教师设计的任务。这种形式可以提供更多的交流机会，激发学生的参与度和合作意识。

5.真实语料点评

任务教学的一个重要特点是使用真实的语料进行学习。教师可以提供真实的商务英语语料，如视频、音频、图像和文字等，让学生运用所学的知识和技能对这些语料进行分析和点评。通过真实语料的使用，学生可以更好地理解语言在商务环境中的实际运用情况，培养解决实际问题的能力。

6.书面汇报总结

为了巩固学生的学习成果，教师可以要求学生提交一份书面汇报总结。学生需要以书面形式总结任务的完成情况、所学的知识和经验，并用规范、地道的商务英语表达。这有助于学生整理所学内容，加深对商务英语的理解，并逐步纠正在语言表达上的错误。

在实施任务驱动的商务英语教学模式时，教师的角色由传统的知识传授者转变为任务的设计者、组织者和学习的协助者。学生在任务的引导下，通过自主学习、小组讨论和真实语料点评等活动，积极参与并运用所学的商务英语知识和技能。这种教学模式能够提高学生的学习动机和参与度，培养他们的实际应用能力，更好地适应商务英语交际的实际需求。

三、实施任务驱动的商务英语教学的注意事项

任务型教学法在商务英语教学中的应用需要特别的谨慎，因为商务英语通常要求学生具备更高水平的语言能力和交际技巧。以下是实施任务驱动的商务英语教学时需要注意的几个关键点：

（一）任务设计要有信息差

任务的设计应该确保学生在完成任务时需要获取额外的信息，而不仅仅是机械性的知识复述。这种信息差可以是文化背景、专业知识或语言技能等方面的不同。任务的难度应适当超出学生的现有水平，以鼓励他们积极学习和合作。

(二)真实性和实际性

任务型教学在商务英语中应该更强调真实性和实际性。任务应该反映真实商务情境，使学生能够在语言课堂中模拟实际的商务沟通。这样的任务设计有助于学生更好地理解和运用语言，为将来的职业生活做好准备。

(三)多样化的策略培养

学生需要在任务型教学中培养解决问题的策略，而不仅仅是语法和词汇知识。教师应该鼓励学生思考如何有效地沟通，克服语言障碍，采取不同的策略来解决交际问题。这包括鼓励学生主动提问、寻找资源、合作解决问题等方面。

(四)激发学习兴趣

学生对商务英语的兴趣和动机至关重要。教师可以通过引入有趣的商务案例、真实的商务文档以及与实际商务活动相关的任务来激发学生的学习兴趣。此外，教师还可以提供反馈和鼓励，帮助学生建立自信心。

(五)任务的全面性

商务英语教学不仅仅局限于课堂内，还应该涵盖课堂外的实际学习和生活中。学生需要在真实的商务环境中运用所学的语言能力，这有助于他们更好地理解和掌握商务英语。

(六)任务难度的梯度

任务的难度应该根据学生的学习水平进行调整。对初学者来说，任务可以从简单的、基础的内容开始，以确保他们能够轻松理解和完成任务。随着学生的进步，任务的难度可以逐渐增加，引入更复杂的语言结构和概念。任务难度的梯度可以促使学生进行渐进式的学习。学生首先应该完成相对简单的任务，然后逐步挑战更复杂的任务。这种渐进式的学习方式有助于学生建立信心，逐渐掌握新的语言技能和解决问题的能力。

只有综合这些因素，才能帮助学生更好地掌握商务英语，并在未来的职业生活中成功运用这门语言。任务型教学法可能为学生提供一个积极互动、实践导向的学习环境，有助于他们更全面地发展语言技能和交际能力。

四、反思与再认识

反思和再认识对任务型语言教学法是非常重要的，虽然它在英语教学中具有一定的优势，但也存在一些挑战和误解。

(一)避免模式化和刻板印象

任务型教学不应被视为一种固定的教学模式，而是一种教学策略。教师应该根据学生的需求、教材和教学环境来灵活应用任务型教学，而不是僵化地套用模板。任务型教学应该与其他教学方法相结合，以便更好地满足学生的学习需求。

（二）平衡任务过程与任务结果

任务型教学的重点应该是学习过程，而不仅仅是任务的结果。学生应该通过任务的执行过程中积极地参与、交流和合作来学习，而不仅仅是为了完成任务而完成任务。教师应该鼓励学生在任务中思考、探索和发现，而不是仅仅追求任务的表面完成。

（三）强调真实性和信息交流

任务型教学应该强调真实性，任务设计应该反映实际生活中的交际情境。任务不仅仅是表演，而是要求学生在真实的情境中使用语言解决问题和交流信息。信息交流是任务的关键，学生应该能够有效地获取、处理和分享信息。

（四）坚持个性化和差异化教学

学生在学习风格、兴趣和能力上存在差异，教师应该个性化和差异化地设计任务，以满足不同学生的需求。任务型教学应该灵活适应学生的多样性，不应"一刀切"，让每个学生都有机会参与和发展。

（五）需求分析和反思

在设计任务之前，教师应该进行需求分析，了解学生的背景、水平和学习目标。同时，在任务完成后，教师和学生都应该进行反思，检讨任务的设计和执行过程，以便改进未来的任务设计。

（六）综合思考和灵活运用

任务型教学应该与其他教学方法相互融合，综合运用。不同的教学方法可以在不同的教育场景和目标中发挥作用，教师应该根据具体情况选择合适的方法，以提高教学效果。

任务型教学虽然是一种有潜力的教学策略，但它并不是适用于所有情况的银弹。教师需要根据学生的需求、教材和教学环境来灵活运用任务型教学法，并时刻保持反思和再认识的心态，以不断改进教学实践，提高英语教学质量。任务型教学的目标应该是培养学生的语言能力、交际能力和问题解决能力，而不仅仅是完成任务。

第五章　高校商务英语的教学实践研究

第一节　商务英语听说能力培养策略

商务英语作为一门重要的语言技能，在现代全球化商业环境中具有重要的地位。在商务领域，良好的听说能力对成功的沟通、合作和交流至关重要。本节将重点讨论商务英语听说能力的培养策略，探讨其重要性以及现有教学状况。通过深入研究和实施这些培养策略，提高学生在商务英语听说方面的能力，使他们更好地适应商业环境，取得更大的成功。

一、商务英语听说能力的重要性

商务英语的听说能力在现代全球化商业环境中扮演着重要的角色。在全球化时代，国际贸易、电子商务、跨国合作和全球供应链已成为商业的常态，这意味着专业人士需要与来自不同文化和语言背景的人进行频繁的交流。在这种情况下，具备出色的商务英语听说能力是至关重要的。

在国际商务环境中，专业人士必须能够流利地表达自己的想法和观点，同时能够理解他人的意图和需求。这有助于确保信息传递准确，避免误解和沟通障碍。商业关系通常建立在信任和互动之上，而良好的口头交流能力可以帮助专业人士更好地与国际合作伙伴、客户和同事建立紧密的联系。通过有效的口头表达，他们能够展现出自信和可信度，从而赢得尊重和信任。

在商业环境中，经常需要团队讨论、解决问题和做出决策。具备出色的听说能力使专业人士能够积极参与讨论、提出建议，并协助团队达成共识。这对推动问题的解决和制定战略决策至关重要。此外，商务英语听说能力对客户服务和销售也至关重要。在销售和客户服务领域，与客户进行有效的口头交流可以帮助销售人员更好地理解客户需求、提供个性化的解决方案，并建立积极的客户关系。这对业务的成功和客户满意度至关重要。

商务英语听说能力对个人职业发展具有重要意义。具备良好的听说能力可以增加在职场中的竞争力，为个人创造更多的职业机会，包括国际工作机会和晋升机会。这使得专业人士能够在全球化的商业活动中脱颖而出。

二、商务英语听说教学现状

一是尽管商务英语的口语交流在现代商业环境中至关重要,但许多高校商务英语课程更侧重语法、词汇和阅读能力的培养,而忽略了听说能力的训练。课堂上关于听说的时间较短,更偏向传统的听写练习,而非真正的口语交流。

二是高校商务英语教学方法相对单一有一个问题。大多数高校仍然采用传统的听力录音循环播放方法,这种方式难以为学生提供真实的商务场景模拟,从而无法有效培养他们的听说应用能力。在口语教学方面,教师通常以授课为主导,学生的参与度有限,这对有效的口语训练是不够的。

三是教学资源方面存在问题。许多高校缺乏专业的语音室,同时缺乏多媒体教学设备,如模拟电话和视频会议设备,这使得难以模拟真实的商务环境。此外,商务口语资料相对匮乏,学校通常以书本为主,缺乏真实的商务口语资料支持。

四是教师队伍方面需要进一步增强。一些教师的商务英语水平和教学理念有待提高,难以在听说课堂上充当模拟角色并有效指导学生进行口语交流。此外,校外培训和支持也相对不足,教师难以获得外部专业知识和资源的支持。

五是学生之间的英语基础和专业背景差异较大。学生的英语水平和专业背景差异巨大,这使得难以进行有效的个性化指导。部分学生可能因抗拒感而不愿意在课堂上积极参与口语交流,这需要改进学生的态度和参与度。

六是评估和考核机制需要改进。目前,听说课程的评估方法相对单一,考核内容与实际应用相距甚远,无法全面评价学生的商务听说水平。这可能影响后续改进和提高教学质量的机会。

三、商务英语听力能力的培养

(一)商务英语听力的特点

1. 商务英语听力的一般特点

商务英语具有独特的特点,与普通英语在许多方面有所不同。

首先,商务英语强调了目的性。相对日常交流,商务英语更注重特定商务场景下的目的性。在商务环境中,人们交流的主要目的是达成交易或达成协议,以满足双方的利益。这种商务语言通常更加客观,强调事实和信息,而不太涉及主观或私人性质的内容。

其次,社交因素在商务英语中占有重要地位。在国际商务交往中,商务人员常常需要与陌生人或了解甚少的人打交道,而会谈通常时间有限。因此,社交性的语言在这种情况下尤为重要,可以帮助来自不同文化和语言背景的人们迅速建立轻松的沟通氛围。这种社交性的语言通常包括一些公式化的用语,如问候和介绍等。

最后,商务英语强调简洁而清晰的沟通。在商务交流中,信息传递必须尽可能减少误解,并且需要在有限的时间内完成。因此,商务语言通常以简明、清晰和逻辑性为特点。

为了节省时间,商务人员经常使用特定的商务术语,这些术语可以指代商务领域中常见的概念,如"CIF""FOB"。

2.商务英语听力测试的特点

商务英语听力测试具有一些特殊的特点和问题,需要考生具备一定的技巧和准备。

第一,商务英语听力测试通常会包含复杂的语音,其中可能存在背景音或杂音。考生需要适应不同的语音,包括英音、美音或其他口音。在训练中,建议考生培养对英音的敏感度,同时注意练习连读、弱读、重读等语音现象。另外,考生还应多积累并掌握那些在发音上有差异的单词,以便更好地理解听力材料。

第二,商务英语听力测试通常涉及商务背景知识,包括商务词汇和表达方式。为了应对考试,考生需要关注商务新闻,阅读商业期刊,多听英国广播公司(BBC)等商务相关的内容,以积累商务背景知识。同时,考生可以记录和强化商务专业词汇、固定搭配和习语表达,以便更好地理解听力材料。

第三,商务英语听力测试常常设置干扰项,考点设计隐蔽且充满陷阱。考生需要注意干扰项的设置原则,包括答案置后原则(将答案放在听力原文的最后)和原词重现原则(将听力材料中的部分文字直接重现在选项中)。考生应具备辨别和判断能力,特别是对同义置换的能力,要理解不同方式表达相同含义的语言,而不仅仅是原词重现。

(二)商务英语听力技巧和训练方法

商务英语听力技巧和训练方法对提高学生听力能力至关重要。以下是一些有助于提高商务英语听力技能的练习活动以及关于听力材料的选择和利用的策略。

1.提高听力技能的练习活动

(1)听取商务新闻报道,这可以帮助学生熟悉商务背景知识和商务英语表达方式。学生可以选择商业新闻播客、商业新闻节目或在线商业新闻文章来进行听力练习。

(2)在小组中模拟商务会议对话。每个人扮演不同的商务角色,练习在商务场景中的听力和口语交流。这可以提高学生在商务会议中的应对能力。

(3)使用商务英语教材,如教科书或在线课程。这些教材通常包含商务听力练习,以及相关的词汇和表达方式。

(4)选择与商务有关的英语电影或纪录片,这可以让学生在娱乐的同时提高听力技能。关注角色之间的商务对话,以及他们在商业场景中的互动。

2.听力材料的选择和利用

寻找不同类型的商务英语听力材料,包括商业新闻、商务会议录音、商务谈判对话、商务英语课程等。多样化的材料可以让学生适应不同的商务场景。选择一些有一定挑战性的听力材料,包括快速的口音、多人对话、专业术语等。挑战性的材料可以帮助你提高听力的适应性和应对能力。

在练习听力时,不要只听一次,多次重复听同一段材料,直到完全理解。这有助于提高听力的准确性和记忆力。在听的过程中，记下关键信息和生词。随后，复习和记忆这些信息和词汇，以加深理解和记忆。听完一段材料后，教师可以鼓励学生与他人讨论听力内容可以帮助巩固理解，并提供不同的观点和解释。

定期模拟商务英语听力考试，以了解学生听力能力培养的进展。模拟考试可以帮助学生熟悉考试的格式和时间限制，并提供实践的机会。

通过以上的听力练习活动和听力材料的选择和利用，可以逐渐提高学生商务英语听力技能，使学生更自信地应对商务听力考试和实际商务交流挑战。

四、商务英语口语能力的培养

（一）商务英语口语的特点

商务英语是一门专门为国际商务服务的英语，虽然与普通英语在语言本质上没有本质区别，但它在应用和语境上具有独特的特点。商务英语不仅涵盖了广泛的学科领域，如营销学、经济学、金融学、会计学、法学和管理学，还涉及各种国际商务活动，包括对外贸易、技术引进、招商引资、商务谈判、经贸合作、银行托收、国际支付与结算、涉外保险、国际旅游、海外投资、国际运输等。商务英语口语的特点在于其强调简洁、客观、准确和严谨的语言表达。在商务交流中，清晰有效地传达信息至关重要，因此商务英语注重直截了当的表达方式，以满足实际的商务需求。

1. 语言简明易懂

商务英语口语强调简明清晰，以确保信息准确传达。表达方式通常直接而简洁，避免使用复杂的辞藻或不必要的修饰。这有助于确保商务交流的有效性和高效性。

2. 简短达意

商务英语口语追求简洁而富有表达力的方式。句子通常短小精悍，能够迅速传递关键信息，不浪费时间。例如，用"as your request"来表示"按你方要求"。

3. 语言平实

商务英语口语避免过于华丽或生僻的词汇和表达方式。语言通常平实，容易理解，不需要复杂的词汇或语法结构。

4. 目的性强

商务英语口语强调目的性，即交际的目标是明确的。在商务会议、商务谈判、电话沟通等情境中，使用英语的目的是达成交易、协商、咨询等具体目标。因此，口语表达通常直截了当，不拐弯抹角。

5. 术语和缩略词使用广泛

商务英语口语中频繁使用商业术语和缩略词，这些术语和缩略词通常是行业内共通的，有助于简化交流和加强专业性。例如，使用"FOB"表示"离岸价格"。

6. 社交性和礼节性

尽管商务英语口语强调简洁和目的性，但仍注重社交礼仪。在商务交往中，礼貌用语和礼节性的表达仍然非常重要，如"Thank you for your time"（谢谢您抽出时间）。

7. 逻辑性强

商务英语口语要求语言表达具有逻辑性和连贯性。信息传达需要清晰、有条理，以确保对方能够理解并做出正确的决策。

（二）口语技巧和训练方法

1. 规范发音和语调的训练

在商务英语口语中，规范的发音和语调是非常重要的，因为它们可以影响交流的清晰度和专业性。以下是一些规范发音和语调的训练方法：

（1）发音训练

第一，进行重点发音练习。商务英语口语中有些音节和发音比较重要，例如，/r/ 和 /l/ 的区分、元音音标的准确发音等。学生可以针对这些音素进行重点练习，使用发音练习应用程序或在线教材来帮助。

第二，进行口音模仿。听取商务英语中专业人士的发音，模仿他们的口音和语调是提高口语的有效方式。可以通过听商务英语材料、商务新闻或专业演讲来实现口音模仿。

第三，参加发音练习的课程或培训班，有资深的发音教师指导，可以帮助学生纠正发音错误并提高发音的准确性。

（2）语调训练

听商务英语材料，特别是商务会议、演讲和电话交流的录音，注意说话者的语调和节奏。尝试模仿他们的语调，包括降调、升调、停顿等。

寻找口语练习伙伴，一起进行对话练习。相互纠正语调错误，提供反馈，帮助彼此改善口音和语调。

使用录音设备记录自己的口语练习，并后期进行自我评估。听自己的录音有助于学生发现语调问题，并改进口音。

（3）专业词汇和表达的练习

商务英语口语中经常涉及专业领域的词汇和表达，因此学习和掌握相关的专业词汇非常重要。以下是一些专业词汇和表达的练习方法：

创建一个与自己的领域相关的行业词汇表，包括常用词汇和短语。每天花一些时间来学习和记忆这些词汇。

通过阅读商务新闻、行业报告、商业杂志等，以了解专业词汇的使用方式。尝试将这些词汇融入自己的口语练习中。

与同学或伙伴进行角色扮演练习，模拟商务会议、谈判或电话交流情景。这有助于学生练习使用专业词汇和表达。

（4）以听力促进口语表达

商务英语口语中的听力能力至关重要。

使用商务英语听力材料，如商务英语课程、商业新闻、专业演讲录音等。反复听取这些材料，提高学生对商务英语口音和语速的适应能力。

定期进行听力理解练习，包括听取录音后回答问题、总结听力内容、记录关键信息等。这有助于提高学生对听力材料的理解和把握能力。

听取商务英语口语范例，尝试跟读并模仿说话者的语调和语音节奏。这可以提高学生口音的准确性和语调的流利度。

综上所述，商务英语口语的规范发音、语调、专业词汇和听力训练都是学生提高口语水平的关键因素。通过坚持练习和不断提高，可以有效地提升学生商务英语口语能力，更好地应对商务交流和沟通的需求。

2.商务英语口语能力提升策略

（1）注重语境的重要性

商务英语口语表达不仅仅是单词和短语的组合，还涉及语境的理解和运用。学习者应该关注不同商务情景下的典型对话和用语，了解在不同情况下如何适应语境，包括商务会议、商务交涉、电话沟通等。通过模拟真实情境，学习者可以更好地理解和应用商务口语。

（2）融入文化教学

商务英语不仅仅是语言，还反映了不同文化背景下的商务习惯和礼仪。因此，学习者应该了解不同国家和地区的商务文化，包括商务礼仪、交际方式、谈判风格等。学习者可以通过文化教学课程、跨文化交流研究和与母语人士的互动来更好地理解和融入商务文化。

（3）整合教学资源

学习商务英语口语需要充分利用各种教育资源。这包括口语培训课程、在线学习平台、口语教材、商务英语字典和学习应用程序。学习者可以选择适合自己水平和需求的资源，并将它们整合到口语练习中，以提高口语能力。

另外，学习者还可以参加口语角、商务英语俱乐部或语言交换活动，与其他学习者一起练习口语，分享经验和资源。总之，提升商务英语口语能力需要全面的学习策略，注重语境、文化教学和资源整合都是关键因素。

五、商务英语听说能力培养中语言学习环境的创建

（一）语言学习环境的重要性

一个良好的语言学习环境可以提供语言输入和模仿机会，学习者可以接触到丰富的商务英语口语样本，听到不同发音和口音，从中学习发音、语调和表达方式。在真实的语言学习环境中，学习者可以更自然地进行口语交流，练习口语表达，纠正语法和发音错误。

（二）创建商务英语学习环境的策略

1. 利用技术手段建立虚拟学习环境

利用在线学习平台、语音识别软件和虚拟会议工具，学习者可以模拟商务英语情境。他们可以参与在线商务角色扮演、模拟电话会议、虚拟商务谈判等活动，以提高口语能力。

2. 创造真实商务场景的学习机会

高校可以组织实地考察、企业参观、商务交流会议等活动，让学习者亲身体验真实的商务场景，与英语母语人士互动交流。这种实践可以加强口语技能，增强自信心。

（三）商务英语学习社群的建立和参与

建立和参与商务英语学习社群是提高英语语言能力和商务沟通技能的有效途径之一。

首先，要明确社群的目标和定位。这意味着需要确定社群的主要学习目标，是提高口语、书写能力，还是深入学习特定领域的商务英语，如金融、市场营销或国际贸易。同时，要明确社群的目标人群，确定是面向初学者、中级还是高级英语学习者，或者是特定行业的从业者。选择合适的平台也是关键。社交媒体平台如微信公众号、微博、豆瓣、知乎等可以用来创建专门的商务英语学习组或页面，以吸引潜在成员。另外，在线论坛或专用应用程序也是构建社群的好方式。一旦社群建立起来，制定明确的规则和准则就是确保社群良好运作的关键。这些规则可以包括互相尊重、不涉及政治或宗教话题、鼓励积极参与等内容。同时，指定一些管理员来监督社群并确保规则的执行也是至关重要的。

其次，为社群提供有价值的内容同样重要。这可以包括分享商务英语学习资源，如在线课程、书籍、文章、视频和音频内容，以及定期组织线上或线下的学习活动，如研讨会、讲座或练习会，以鼓励成员积极参与。

再次，在社群中促进互动和交流也是必要的。成员可以讨论商务英语相关的话题，如当前商业新闻、行业趋势、案例研究等。此外，语言交换也是学生提高口语能力的好方法，社群可以推动成员之间的语言交换。

最后，社群的持续更新和改进以及鼓励积极参与都是维护社群活力和有效性的关键因素。通过反馈机制和定期的社群评估会议，可以不断改进社群，以满足成员的需求。奖励机制和特殊的荣誉头衔可以鼓励成员积极参与社群。通过不断扩大社群影响力，吸引更多潜在成员，社群可以成为一个有助于提高成员商务英语技能和推动其职业发展的重要资源。

第二节 商务英语阅读教学研究

商务英语阅读是一种独特的阅读形式，它侧重在特定语言环境下使用的专业英语。与基础英语阅读不同，商务英语阅读不应该仅仅是语言知识的简单延伸。商务英语教学既不同于传授语言知识为主的基础英语课程，也不同于以传授专业知识为目的的专业课程。相反，它应该是一门综合性的课程，强调将英语学习与商务知识学习相结合。这门课程将语言和信息融为一体，强调提高英语阅读能力、培养良好的阅读习惯，并将商务知识融入其中。

一方面，商务英语阅读课程需要注重英语阅读能力的提高，以及培养学生良好的阅读习惯。这有助于增强他们的英语理解能力和实际运用能力；另一方面，课程还要关注学生商务知识和技能的学习与培训。这意味着将商务内容融入语言学习中，以阅读作为手段，帮助学生掌握核心的商务概念。通过引导学生阅读商务文体的文章，使他们能够更好地理解商务知识。

一、商务英语阅读教学概述

（一）商务英语阅读的教学目标

商务英语阅读教学的目标是培养学生在商务环境下进行英语阅读和理解的能力。商务英语阅读教学旨在帮助学生掌握商务英语的专业词汇、表达方式和商务文本的特点，使他们能够有效地阅读和理解商务文档、合同、报告、新闻稿等与商务相关的材料。具体而言，商务英语阅读教学的目标包括以下几个方面：

1. 词汇和术语

学生需要掌握商务英语中常用的词汇和专业术语，包括商业、金融、市场营销、国际贸易等领域的词汇。他们需要理解这些词汇的含义、用法和常见搭配，以便在阅读商务文本时能够准确理解和运用。

2. 阅读技巧

学生需要掌握商务英语阅读的各种技巧，如快速浏览、扫读、精读、推测词义、理解上下文等。他们需要学会从商务文本中获取必要的信息，包括主旨、关键细节、逻辑关系等，以便能够全面理解和分析商务资讯。

3. 阅读理解

学生需要培养商务英语阅读理解的能力，包括理解文章的主旨、目的、观点以及作者的意图和态度。他们需要能够分析和评估商务文本中的信息，理解其中的逻辑和论证关系，从而能够做出正确的判断。

4. 文化背景

学生需要了解商务英语背后的文化背景和商务惯例，包括不同国家或地区的商务礼仪、交际方式、商务谈判等。这有助于他们更好地理解商务文本中的文化隐含和背景信息，避免在跨文化交流中产生误解或冲突。

（二）商务英语阅读传统教学模式

传统的商务英语阅读教学模式侧重语法和词汇的传授，其中教师在课堂中花费大量时间解释课文中的句子结构和生词。这种教学方式强调逐句解析，旨在帮助学生理解句子的构造和词汇的含义。然而,传统模式在几个方面存在一些不足。

首先,这种教学方式虽然倾向剖析语言现象,但却缺乏对整体语篇的理解。学生可能会对句子的结构和语法规则有一定的了解,但却无法领会文章的中心思想和主题。这是因为他们的学习焦点主要集中在语法和词汇层面,而忽视了文章整体的意义。其次,传统教学模式下,学生往往扮演被动的角色。他们被要求仔细听教师的解释和分析,很少有机会积极参与课堂讨论或互动活动。这可能导致学生的学习变得单调乏味,缺乏主动性,从而影响他们的学习效果。此外,传统教学模式的进度相对较慢,因为教师需要逐句解析课文内容。这可能导致学生感到学习进展缓慢,并且难以提高阅读速度,这在商务英语中尤为重要。最后,传统模式侧重语法和词汇,而较少关注实际商务应用场景。这使得学生可能会掌握一些语言知识,但在实际的商务交流中可能感到不自信,因为他们缺乏实际应用的经验。

(三)商务英语阅读教学改革

商务英语阅读教学改革旨在更好地满足学生在商务领域中应用英语的需求,并提高他们的阅读理解和实际应用能力。以下是一些可能的改革方向:

1. 引入真实商务文本

传统的商务英语教材往往使用人工编写的教学材料,缺乏真实商务文本的应用。改革中可以引入真实的商务文本,如商业合同、市场调研报告、商务新闻等,让学生接触真实的商务语言和文化,以提高他们的阅读理解能力和跨文化交际能力。

2. 培养阅读策略和技巧

商务英语阅读需要学生掌握一系列的阅读策略和技巧,如快速浏览、扫读、预测推测、理解上下文等。教学改革可以系统地教授这些策略和技巧,并通过实践活动和练习来帮助学生提高阅读速度和准确性。

3. 注重篇章结构和逻辑分析

商务文本通常具有复杂的篇章结构和逻辑关系,学生需要能够理解和分析这些结构和关系。教学改革可以加强对商务文本的篇章结构和逻辑分析的教学,帮助学生更好地理解商务文本的整体框架和信息组织方式。

4. 强化词汇和术语的教学

商务英语中的词汇和术语是学生理解商务文本的基础。教学改革可以采用更加有效的词汇教学方法,如词根词缀分析、词汇网络等,帮助学生掌握和应用商务英语的词汇和术语。

5. 引入跨文化教学内容

商务英语涉及跨文化交流,学生需要了解不同文化背景和商务惯例对商务文本的影响。教学改革可以引入跨文化教学内容,教授不同文化之间的差异、商务礼仪和交际方式,培养学生在跨文化商务环境中的应对能力。

6. 提供实践机会和案例分析

改革中可以增加实践机会，如模拟商务活动、角色扮演和实际商务项目等，让学生在实际场景中运用商务英语进行阅读和交流。同时，引入实际案例分析，让学生运用所学知识解决真实商务问题，培养他们的实际应用能力。

7. 整合现代技术工具

教学改革可以整合现代技术工具，如电子词典、在线商务资源、语言学习软件等，帮助学生进行自主学习和实践，提高他们的学习效果和学习兴趣。

二、商务英语阅读的重要性

（一）全球化背景下的商务英语阅读

在全球化背景下，商务英语阅读对跨国商务交流、获取商业信息、跨文化沟通和职业发展都至关重要。具备良好的商务英语阅读能力可以帮助个人和企业在国际商务领域中取得成功。

随着全球化的发展，跨国企业之间的商务交流频繁发生。商务英语阅读是进行跨国商务交流的基本技能之一。通过阅读商务文件、合同、报告和邮件等，人们可以了解国际市场、商务合作机会、贸易规则和商业惯例。商务英语阅读能力使人们能够理解和参与跨国商务沟通，促进国际贸易和商务合作。

商务英语阅读能力使个人和企业能够获取全球商业信息。商务新闻、市场报告、行业分析和研究文章等可以提供关于市场趋势、竞争对手、消费者需求和商业机会的重要信息。通过阅读商务英语材料，人们可以获取最新的商业动态和市场情报，为决策和战略规划提供依据。商务英语阅读涉及跨文化沟通。在全球化环境中，人们需要与来自不同文化背景的商业伙伴、客户和同事进行沟通。商务英语阅读能力帮助人们理解和适应不同文化的商务沟通方式、礼仪和惯例。通过阅读商务英语材料，人们可以更好地了解和尊重其他文化，并避免跨文化沟通中的误解和冲突。同时，商务英语阅读是许多职业成功所必需的能力之一。在全球化的商业环境中，许多职位要求员工具备良好的商务英语阅读能力。无论是在跨国公司、国际机构还是国内企业中，商务英语阅读能力都是从事国际贸易、市场营销、商务管理等职业的基本要求。具备良好的商务英语阅读能力可以提高就业竞争力，并为个人在职业发展中开拓更广阔的机会。

（二）阅读在商务英语学习中的角色

阅读在商务英语学习中扮演着重要的角色，它是提高学生英语语言能力和商务素养的关键部分。

阅读帮助学习者积累词汇、理解语法结构以及熟悉不同的表达方式。通过阅读商务文档、合同、报告和新闻文章，学生可以增加他们的商务英语词汇量，同时能够学习到正式书写和交流的方式。商务英语涉及不同文化之间的交流，因此阅读能够帮助学生了解不同国家和文化的商业实践、礼仪和价值观。这有助于他们更好地与国际客户和合作伙伴进行沟通和合作。通过阅读商务相关材料，学生可以了解市场趋势、行业动态、市场分析以及各种商务策略。这有助于他们更好地理解商业环境，做出明智的商业决策。

商务英语阅读材料通常包括电子邮件、商务函件、会议纪要等，这些都是商业交流的重要形式。通过阅读这些材料，学生可以学习到如何有效地书写和回应电子邮件，以及如何参与商务会议和讨论。商务文档通常包含复杂的信息和数据，阅读这些材料可以帮助学生培养解决问题的能力。

不同行业有各自的术语和专业知识，阅读行业相关的材料可以帮助学生熟悉这些术语和知识，使他们更容易在特定行业中工作或与特定行业的专业人士交流。

另外，阅读是一种自主学习的方式，学生还可以根据自己的兴趣和需求选择阅读材料，自主学习商务英语，提高他们的综合能力。

三、提高学生商务英语阅读能力的策略

（一）阅读理解策略

1.预览文本。在深入阅读之前，学生应该先快速预览文本，浏览标题、子标题、图表、图像和重要的关键词。这有助于他们获取大致的内容框架，使后续的深入阅读更加有针对性。

2.主题句识别。学生应该学会识别段落中的主题句，这是一个段落中最重要的句子，它通常包含段落的核心思想。通过找到主题句，学生可以更容易地理解整个段落。

3.上下文线索。学生应根据文本中的上下文线索来推断词汇和短语的含义。这有助于他们提高词汇理解能力，而不仅仅是死记硬背。

4.提问和回答问题。老师可以提供一些与文本相关的问题，鼓励学生在阅读后尝试回答这些问题。这有助于他们深入理解文本内容，同时培养批判性思考能力。

5.笔记和摘要。学生应该学会从文本中提取关键信息，并制作简洁的笔记或摘要。这有助于他们整理思维并保留重要信息。

（二）扩展词汇和短语积累

1.词汇表扩展。学生应该定期扩展商务英语词汇表。可以使用词汇书、在线词汇资源或学习应用程序来积累新词汇，并确保将其运用到实际阅读中。

2.短语和习惯用语。商务英语中常常使用特定的短语和习惯用语。学生应该积累这些表达方式，了解它们的正确用法，以提高在商务文本中的表达能力。

3.词汇记忆技巧。教授学生一些词汇记忆技巧，如词根、前缀、后缀等。这些技巧可以帮助他们更容易地理解和记忆新词汇。

（三）课堂互动方式的优化

1. 小组讨论。在课堂上组织小组讨论，让学生一起阅读和讨论商务文本。这有助于他们分享不同的观点和理解，从而更全面地理解文本。

2. 角色扮演。模拟商务场景，让学生扮演不同的商业角色，进行商务交流。这可以帮助他们将阅读理解能力运用到实际情境中。

3. 实际案例分析。使用真实的商业案例来讲解和讨论，让学生了解不同商业情境下的阅读需求和技巧。

（四）阅读能力测试与评价机制

1. 定期测验。安排定期的商务英语阅读测验，以评估学生的进展并发现他们的缺点。这些测验可以包括阅读理解、词汇和短语应用等方面。

2. 个性化反馈。为每位学生提供个性化的反馈，指出他们在阅读中存在的问题，并提出改进建议。这有助于学生有针对性地改善他们的阅读技能。

3. 阅读项目。鼓励学生参与商务英语阅读项目，如阅读商业报告、分析市场趋势或撰写商务计划。这些项目可以帮助他们将阅读能力与实际商业运用相结合。

通过这些策略，学生可以更有效地提高商务英语阅读能力，增强他们在商业领域中的竞争力和沟通能力。同时，教师在教学过程中的角色也至关重要，需要指导、激励和提供反馈，以确保学生取得良好的阅读成果。

第三节 商务英语写作教学研究

商务英语写作是商业领域中至关重要的沟通工具之一，它扮演着传递信息、建立关系、做出决策以及展示专业素养的角色。

一、商务英语写作的重要性

第一，商务英语写作是商务沟通的重要工具之一。在商业环境中，人们需要通过书面形式进行与客户、合作伙伴、同事等的沟通。商务英语写作涉及电子邮件、商务信函、报告、提案等各种形式的文档。良好的商务英语写作能力可以帮助人们准确、清晰地表达想法、观点和要求，促进有效的商务沟通。

第二，商务英语写作是展示专业形象的重要途径。在商务领域中，书面材料往往被视为反映个人和企业的形象和专业水平的主要标志。通过良好的商务英语写作，人们可以展示出专业、严谨和可靠的形象，增强他们在商务交流中的信任和可信度。

第三，商务英语写作在决策和策划过程中起着重要作用。商务决策和战略规划需要依据详细的分析、报告和提案等书面文档。通过清晰、逻辑和准确的商务英语写作，人们可以有效地传达信息、表达观点和提供决策支持材料，帮助管理层做出明智的商业决策和制定有效的商务策略。

第四，商务英语写作在商务合作和谈判中起着关键作用。商务合作往往需要通过合同、协议、备忘录等书面文件来确保双方的权益和责任。商务英语写作能力使人们能够撰写清晰、明确的合同和文件，确保各方对合作条款和条件的准确理解，避免合作中出现的误解和纠纷。

第五，商务英语写作涉及跨文化交流。在全球化的商业环境中，人们需要与来自不同文化背景的商业伙伴进行沟通。良好的商务英语写作能力使人们能够适应不同文化的商务沟通方式，避免由于文化差异导致的误解和冲突。

综上所述，商务英语写作在商务领域中具有重要性。它是商务沟通的工具，展示专业形象，支持决策和策划，促进商务合作和谈判，并在跨文化交流中发挥作用。通过提高商务英语写作能力，个人和企业可以实现更高效、准确和成功的商业沟通与合作。

二、当前商务英语写作教学存在的问题

商务英语写作是高校商务英语课程中的重要组成部分，它是以英语书面语为工具，用于实现各种商务沟通目标的一种表达方式。这门课程旨在培养学生的商务写作技能，使他们能够有效地传达商业信息，推动经济发展。商务英语写作是一门实践性和实用性很强的课程，它要求学生不仅要具备商务知识，还需要将商务知识、英语写作技巧以及商务写作方法有机地结合起来。相对一般的英语写作，商务英语写作在写作目的、内容、方法、题材、语体和格式等各个方面都有其独特之处。

这门课程的前序课程包括基础英语写作和商务英语，学生需要在掌握基本商务知识和写作技能的基础上，通过学习一系列写作方法和实际商务场景的练习，达到商务英语写作的学习目标。商务文本的写作过程在本质上是解决问题的过程。在这个过程中，教师需要提前设定商务场景和问题，而学生则需要通过构思、组织思路、运用写作技巧和注意格式，以书面形式有效地解决商务问题。

尽管理论上的阐述相对容易，但实际教学中面临许多挑战。商务英语写作教学长期以来一直存在一系列问题和困境，尽管教师付出了很多努力，但教学效果却并不总是理想的。教师不辞辛劳地努力教授，然而，学生仍然感到困惑和抱怨。因此，教师需要深入分析和研究当前商务英语写作教学存在的问题，以找到解决办法，改善教学效果。

当前高校商务英语写作教学存在以下问题：

1.教学定位模糊

商务英语写作课程的重要性并没有被充分认识到，教师和学生对该课程的教学目的缺乏明确的认识。教师过于注重理论教学，而忽视了实践训练的机会，导致学生对商务英语

写作的实际应用能力不足，学习兴趣和热情不高，教学效果大打折扣。

2.教学内容混乱

商务英语写作教学的教材选择不够科学，涵盖的写作题材较少且商务知识大多陈旧，与新时期商务英语文本的写作要求严重不符。这导致学生对商务知识的把握不够深入透彻，无法准确地运用到实际写作中，写作能力水平较低。因此，高校商务英语写作课程的设置价值得不到充分展现。

3.教学方法陈旧

一些教师在商务英语写作教学中采用的教学方法陈旧，停留在灌输式教学阶段。他们不关心学生的真实想法和学习需求，过于强调词汇和语法的讲解，缺乏与学生的交流和沟通，也很少运用现代化的教学手段。这导致课堂氛围沉闷，学生对课程产生厌倦感，认为该课程不重要，不愿投入时间和精力学习。这种错误的认知使得学生的商务英语写作能力得不到提高，形成恶性循环，对高校商务英语写作教学产生负面影响。

三、商务英语写作能力评价标准

商务英语写作能力的评价标准包括内容要点的准确性和完整性、格式结构的合理性和规范性，以及语言表达的准确性和得体性。这些评价标准旨在衡量学生在商务英语写作方面的能力，帮助他们提高写作技巧和实际应用能力。

（一）内容要点

评价商务英语写作的内容要点主要考察作者对所涉及主题或问题的理解和把握能力。内容要点评价的因素包括：

完整性。文章是否包含所需的全部内容要点，是否有遗漏或重复。

相关性。内容是否与主题密切相关，是否能够清晰地回答问题或表达观点。

深度和广度。对所涉及的内容是否有适当的延伸和拓展，是否能够提供充分的信息和论证。

（二）格式结构

评价商务英语写作的格式结构主要考查学生对商务文本的组织和结构能力，以及对格式要求的掌握程度。格式结构评价的因素包括：

文章结构。商务英语写作是否有明确的开头、主体和结尾，是否有适当的段落划分和过渡。

文章布局。商务英语写作是否符合商务文本的特点，如正式信函、报告、备忘录等的格式要求。

逻辑性和连贯性。商务英语写作是否有清晰的逻辑结构，各部分之间是否有紧密的联系和流畅的过渡。

（三）语言表达

评价商务英语写作的语言表达主要考察作者的语法、词汇和语用能力，以及对商务用语和惯用表达的掌握程度。语言表达评价的因素包括：

语法准确性。商务英语写作是否有正确的句子结构和语法使用，是否存在语法错误或不当的句式。

词汇运用。商务英语写作是否能够使用恰当的商务词汇和术语，是否能够避免使用模糊或不准确的词语。

语用准确性。商务英语写作是否符合商务交际的准则和礼仪，是否能够使用得体的语气和语调，是否能够恰当地表达自己的意图和目的。

四、商务英语写作教学内容与方法

商务英语写作教学内容与方法需要包括以下方面：

（一）常见写作格式和类型如报告、商业信函等

在商务英语写作教学中，教师应该帮助学生熟悉和掌握各种常见的商务写作格式和类型。以下是一些常见的商务写作格式和类型：

1. 报告

报告是商务领域中常用的书面形式，用于向上级、同事或客户传达信息、提供分析和建议。报告通常包括标题、摘要、目录、引言、主体段落、结论和建议等部分。教师可以教授学生如何组织报告的各个部分，以及如何使用清晰的语言和有效的段落结构来呈现分析和建议。

2. 商业信函

商业信函用于商务交流和沟通，涉及与客户、供应商、合作伙伴等的书面通信。商业信函的格式通常包括信头、日期、收信人地址、称呼、正文、结束语和签名等。教师可以教授学生如何编写正式的商业信函，包括使用适当的敬语、表达请求、提供信息或回应问题等。

3. 备忘录

备忘录用于组织内部的书面交流，通常用于传达信息、提醒事项、汇报进展等。备忘录的格式通常包括标题、日期、收件人、发件人、正文和附件等。教师可以指导学生学习如何撰写简洁明了的备忘录，突出重点信息，并注意语气的选择。

4. 商务提案

商务提案用于向潜在客户、投资者或合作伙伴提出商业计划、项目建议或合作机会。商务提案通常包括摘要、背景、目标、方法、预算、时间表和利益等方面的详细信息。教师可以帮助学生学习如何编写有说服力和逻辑性的商务提案，包括清晰地陈述问题、提供解决方案和强调商业价值。

除了上述常见的商务写作格式和类型，教师还可以引导学生学习其他形式的商务写作，如会议纪要、商务协议、销售信函等，根据实际需求进行教学。

在教学中，教师可以给学生展示范例，并解析范文中的结构和语言特点，帮助学生理解和模仿相应的写作风格。或者设计练习题目，让学生模拟真实的商务写作场景，进行实际的写作练习，并提供反馈和指导。教师还可以引导学生对比不同类型的商务写作，让学生理解它们的差异和适用场景，并进行讨论和分析。

通过系统学习和实践，学生将能够熟练掌握各种商务写作格式和类型，为日后的职业发展打下坚实的基础。

（二）内容安排方法

在商务英语写作教学中，教授内容安排方法可以帮助学生组织和呈现信息，确保文章的逻辑性和连贯性。以下是一些常见的内容安排方法：

1. 主题句的确定

主题句是段落或文章的核心句子，可以概括该段或文章的主要内容。教师可以教导学生在写作前先确定每个段落或章节的主题句，以确保信息的一致性和焦点明确。主题句应该简明扼要地表达段落或章节的中心思想，为后续内容的展开提供指导。

2. 逻辑顺序的运用

在商务英语写作中，信息的逻辑顺序对读者的理解和流畅阅读非常重要。教师可以指导学生使用不同的逻辑顺序，如时间顺序、空间顺序、问题—解决顺序、重要性顺序等，根据具体的写作目的和内容特点进行选择。通过合理的逻辑顺序，可以使文章的结构清晰，读者能够更好地跟随和理解内容。

3. 段落的组织和过渡

段落是文章中的基本单位，每个段落应该围绕一个中心思想展开，并通过合适的过渡词语或句子与前后段落之间建立联系。教师可以教授学生如何合理划分段落，确保每个段落有明确的主题和支持细节，并引导学生使用适当的过渡词语或句子来连接段落，使文章的结构更加流畅和连贯。

4. 信息分类和排序

商务英语写作通常涉及大量的信息和数据，学生需要学会将这些信息进行分类、排序和组织。教师可以引导学生使用不同的方法，如比较/对比、问题/解决、因果关系等，对信息进行分类和排序。通过清晰的信息分类和排序，可以使文章的结构更加清晰，并帮助读者更好地理解和记忆文章的内容。

（三）语法结构方法

在商务英语写作教学中，教授语法结构方法可以帮助学生掌握正确的语法规则和句子结构，从而提高写作的准确性和流利性。

1.语法讲解

教师可以通过系统的语法讲解，介绍商务英语写作中常见的语法规则和结构，如时态、语态、虚拟语气、条件句、比较结构等。讲解时可以结合具体的商务写作例句，让学生理解语法在实际应用中的作用和意义。

2.例句分析

教师可以选取商务英语写作中的典型例句，进行分析和解析，让学生理解句子结构和语法规则的运用。通过分析例句，学生可以学会运用不同的语法结构来表达不同的意思和目的。

3.练习和应用

练习是巩固语法知识和运用的重要方式。教师可以设计语法练习题目，让学生进行语法结构的练习和应用。练习题目可以包括填空、改错、改写句子等，涵盖不同的语法知识点和难度级别。

4.常见错误和注意事项

教师可以向学生介绍常见的语法错误和注意事项，帮助他们避免在写作中犯同样的错误。例如，注意主谓一致、动词时态的正确使用、冠词和介词的选择等。通过提醒和指导，学生可以加强对这些常见问题的警觉性，提高语法准确性。

（四）词汇表达方法

词汇在商务英语写作中扮演着关键的角色，正确而丰富的词汇使用可以极大地提高文章的质量和表达能力。

1.积累商务词汇

学生首先需要积累大量的商务英语词汇，包括行业术语、商业概念、常用短语等。可以通过阅读商务文献、参与商务讨论、使用在线词汇资源等方式来积累词汇。

2.理解词汇搭配

词汇通常不是孤立存在的，而是与其他词汇搭配使用的。教师应引导学生学习常见的商务词汇搭配，例如"market analysis""business strategy"等。这有助于学生更自然地表达商务观点。

3.学习惯用表达方式

商务英语中存在许多惯用表达方式，学生应该熟悉这些表达方式，以避免使用生硬或不自然的语言。例如，"I am writing to inquire about..."是一种常见的商务书信开头方式。

4.注意词汇的正式性

商务英语写作通常要求正式性，因此学生需要了解哪些词汇和短语适合用于正式文档，哪些适合非正式文档。例如，"please advise"较正式，"let me know"较非正式。

5.多元化的词汇运用

教师应鼓励学生多样化地运用词汇，避免在文章中重复使用相同的词汇。通过学习同义词、近义词和词汇替换，学生可以提高文章写作语言的多样性。

总之，词汇表达方法对商务英语写作至关重要。教师应帮助学生扩展词汇量，指导他们正确使用商务词汇和搭配，鼓励多样化的词汇运用，以及理解词汇的语法结构。通过不断的练习和反馈，学生可以逐渐提高他们的商务英语写作词汇表达能力，从而更有效地传达商务信息。

第四节 商务英语跨文化交际能力培养

在全球化的商务环境中，跨文化交际能力已经成为成功的商务专业人士所必需的关键技能之一。随着不同国家或地区之间的商务联系日益紧密，跨越文化和语言障碍，有效地与不同背景和价值观的人进行交流变得至关重要。商务英语，作为国际商务交流的主要工具之一，不仅要求流利的语言技能，还需要跨文化交际的深刻理解和能力。

一、文化与跨文化交际

（一）文化的定义与重要性

什么是文化？不同国家和地区的研究者给文化下了不同的定义。

克洛德·李维-斯特劳斯认为文化是一种符号系统，通过符号的组合和变换来表达和传递人们的意义和价值观。他强调文化是人类思维和社会组织的产物。

马克斯·韦伯将文化定义为人类行为的意义系统，它包括宗教、道德、艺术、科学等方面的价值观念和信仰体系。韦伯强调文化对社会行为和社会结构的塑造作用。

皮埃尔·布尔迪厄将文化视为社会阶层和权力关系的体现，强调文化是一种社会实践，通过教育和社会化过程传递和维持社会的不平等与差异。

我国的研究者在文化定义方面有自己的观点和贡献。钱穆将文化定义为人类的精神财富，它包括道德、艺术、科学、宗教等方面的内容。他认为文化是民族和国家的精神支柱，是一个民族的灵魂。

陈寅恪将文化定义为人们对世界的理解和表达方式，它包括语言、思想、文学、历史、艺术等方面的内容。他强调文化是一个民族传承和发展的基石。

王国维将文化定义为人类精神的高度凝聚，它包括哲学、文学、艺术等方面的内容。他认为文化是人类精神追求的最高境界，是人类智慧的结晶。

郭沫若将文化定义为生活方式和精神追求，它包括习俗、传统、价值观念等方面的内容。他认为文化是一个国家和民族的独特标识，是人们共同的精神家园。

整合研究者的观点，本书认为文化是指一个社会或群体所共享的价值观、信仰体系、行为模式、语言、艺术、习俗、传统和社会组织等的总和。它是人类社会中的一种社会现象，是人们共同创造和传承的精神和物质财富。

文化的特征可以包括以下几个方面：

1. 共享性

文化是一个社会或群体共同拥有的特征，它是由一群人共同创造、传承和分享的。文化的形成和发展需要人们之间的交流和互动。

2. 学习性

文化是通过学习和社会化过程获得的，它不是天生的，而是在社会中逐渐习得的。人们通过教育、家庭、社交等途径来获取和传递文化。

3. 符号性

文化通过符号表达和传递信息。符号可以是语言、图像、符号、象征物等，它们代表着一定的意义和价值观念，是人们交流和理解文化的媒介。

4. 动态性

文化是不断变化和发展的，它会受到历史、环境、科技和社会变迁等因素的影响。文化的变化可以是渐进的或突发的，它可以适应社会的发展和变革。

5. 综合性

文化是一个综合的系统，它包括多个方面的内容，如宗教、价值观、道德准则、艺术、习俗、文学、音乐等。这些方面相互关联、相互影响，构成一个完整的文化体系。

6. 跨代传承性

文化是代代相传的，它通过教育和社会化的过程传递给后代。每一代人都对文化进行继承、创新和传递，从而使文化得以延续和发展。

从文化的特征可以看出，文化是人类社会的灵魂和精髓，它扮演着至关重要的角色，深刻地影响着我们的生活和社会。首先，文化是人类身份的核心。文化包括语言、宗教、价值观、传统、风俗习惯等元素，它们共同构成一个人的身份认同。文化传承我们祖先的智慧和经验，代代相传，形成了独特的文化传统。通过文化，人们能够建立联系、共享价值观，并在社会中找到归属感。其次，文化促进了社会的发展和稳定。文化为社会提供了共同的规范和价值观，有助于维护社会秩序。它是知识和技能的传播渠道，通过教育和培训，文化推动了科学、艺术、技术等领域的进步。文化还可以激发创新和创造力，推动社会的繁荣。再次，文化是文化交流和理解的桥梁。在全球化时代，不同文化之间的交流变得更加频繁。了解和尊重不同文化有助于减少误解和冲突，促进国际合作和和平。文化交流丰富了人们的生活，使人们能够接触到各种各样的思想、艺术和美食，拓宽了人们的视野。最后，文化对个人的成长和幸福也有深远影响。文化是情感、价值观和信仰的来源，它们在我们的日常生活中扮演着重要角色。文化可以提供意义和目标，给予人们信仰和希望。通过参与文化活动，人们可以感到满足，提高生活质量。

（二）跨文化交际

跨文化交际是指在不同文化背景下，个体或群体之间进行信息传递、交流和互动的过程。这种交际形式涉及不同文化之间的语言、价值观、信仰、社会习惯、传统等多方面因素的交互影响。跨文化交际旨在促进不同文化之间的理解、尊重、合作和共享，同时也可能涉及克服文化差异、解决跨文化冲突的挑战。

跨文化交际的定义强调了以下关键要素：

第一，跨文化交际涉及个体或群体来自不同文化背景，包括国家、地区、宗教、民族、社会群体等不同的文化。

第二，跨文化交际是通过言语、非言语或书面方式传递信息和观点，包括语言沟通、肢体语言、文字、符号等多种形式。

第三，在跨文化交际中，文化因素是至关重要的，包括语言、价值观、信仰、社会规范、礼仪、习惯等，这些因素会影响信息的解释和接受。

第四，跨文化交际不仅仅是信息的传递，还包括各方之间的互动和相互影响，可能会导致文化认知的改变和适应。

第五，跨文化交际的目标通常是建立理解、尊重和合作的关系，促进文化间的良好互动和共享。

总之，跨文化交际是一种复杂而多层次的交流过程，涉及不同文化背景之间的语言、文化价值观和行为的互动，旨在促进文化之间的互理解和有效沟通。这对全球化时代的个人和组织来说具有重要性，因为它有助于克服文化障碍，促进跨国合作和跨文化交流。

二、商务英语跨文化交际能力的内涵与重要性

（一）商务英语跨文化交际能力的内涵

商务英语跨文化交际能力是一种复杂而多维的能力，涵盖了多个层面的认知、情感和行为，以确保在国际商务环境中有效地与不同文化背景的人进行沟通和合作。下面将详细阐述商务英语跨文化交际能力的内涵：

1. 英语语言认知能力

商务英语专业学生首先需要具备出色的英语语言能力，包括词汇、语法、发音等方面。他们需要能够流利地表达自己的想法和理解他人的信息，以建立有效的跨文化交流。

2. 商务知识认知能力

商务英语专业学生需要了解商务领域的基本概念、流程和惯例。这包括商务礼仪、谈判技巧、市场分析、国际贸易等方面的知识，以便能够在商务交流中运用这些知识。

3. 文化认知能力

文化认知能力是商务英语跨文化交际能力的核心。学生需要具备文化敏感性，理解不同文化背景下的价值观、信仰、社会习惯和商务实践。他们应该能够识别并尊重不同文化

之间的差异，以避免文化冲突。

4.跨文化交际意识

学生需要意识到跨文化交际的挑战和机遇。他们应该能够识别文化差异可能引发的问题，并具备解决这些问题的能力。同时，他们应该具备积极主动地进行跨文化交流的意愿。

5.情感能力

跨文化交际需要情感智慧，包括包容性、尊重、自信和开放的态度。学生应该能够与不同文化背景的人建立的信任和友好关系，以促进合作和沟通的顺利进行。

6.行为能力

商务英语专业学生需要具备实际的交际和沟通技巧。这包括口头和书面沟通能力，以及适应不同文化环境的能力。他们还需要能够解决跨文化交际中可能出现的问题，确保交际目标的实现。

（二）商务英语跨文化交际能力的重要性

商务英语跨文化交际能力在当今世界的商业环境中变得至关重要，其重要性体现在以下几个方面：

1.跨文化交际能力可以应对商务领域的国际化趋势

随着全球化的发展，商务领域变得日益国际化。公司扩大了国际业务，跨国合作和全球供应链日益普遍。在这种国际化环境中，商务英语跨文化交际能力成为成功的关键因素。员工需要能够与不同文化背景的客户、合作伙伴和同事有效沟通，以实现商业目标。

2.不同文化背景下的挑战与机会

不同文化之间存在语言、价值观、习惯等多方面的差异。这些差异可能导致误解、冲突和沟通障碍。然而，也存在着在跨文化交际中利用文化差异的机会。具备跨文化交际能力的人可以更好地理解并利用这些差异，以获得竞争优势。

3.跨文化交际能力对职业成功的影响

在今天的职业世界中，跨文化交际能力是一项极具竞争力的技能。拥有这种能力的人可以更容易融入国际化的工作环境，与国际团队协作，开拓全球市场，并获得职业晋升的机会。此外，这种能力也有助于建立良好的商业关系，增加客户满意度，从而增强公司的竞争力。

总之，商务英语跨文化交际能力对员工适应国际化趋势、克服文化差异、把握商机以及在职业生涯中取得成功至关重要。它不仅是一种必备技能，还可以成为个人和组织在全球化商业环境中的竞争优势，有助于建立强大的国际业务网络，提高商业绩效，为未来的职业发展创造更多机会。

三、商务英语教学中的跨文化交际培训

（一）课程设计与教材选择

在商务英语教学中融入跨文化交际培训，课程设计和教材选择是至关重要的。

1. 设计跨文化交际模块

将跨文化交际作为商务英语课程的一个重要模块进行设计。该模块应涵盖跨文化交际的基本概念、文化差异的认知、跨文化沟通策略和技巧等内容。通过讲授和讨论案例，学生可以了解不同文化背景下的商务交际挑战，并学习如何应对这些挑战。

2. 教材选择

选择涵盖跨文化交际内容的教材和资源。可以选择商务英语教材中包含跨文化案例和商务场景的教材，或者结合跨文化交际教材进行教学。此外，还可以引入真实的商务案例、跨文化交际的研究论文或者商务新闻等资源，以加深学生对跨文化交际的理解和应用。

3. 多样化的文化背景

在教学中创造多样化的文化背景环境。通过组织学生参与小组讨论、角色扮演和案例分析等活动，鼓励学生分享自己的文化背景和经验，增强他们对不同文化之间的理解和尊重。

4. 实地考察和客座讲座

组织学生进行实地考察或邀请跨国企业的代表进行客座讲座。学生可以亲身体验到不同文化背景下的商务环境，并与实际从事国际商务的人员进行交流，加深对跨文化交际的认识。

（二）虚拟仿真和模拟训练

虚拟仿真和模拟训练是商务英语教学中有效的跨文化交际培训方法。

利用虚拟仿真软件或在线商务平台，创建虚拟的商务环境供学生进行跨文化交际训练。学生可以扮演不同角色，在虚拟场景中进行商务谈判、会议演练等活动，面对不同文化背景的伙伴，锻炼跨文化交际技巧。

组织学生进行跨文化交际的角色扮演活动。每个学生扮演不同文化背景的商务代表，模拟真实的商务场景，如商务洽谈、合作协商等。通过角色扮演，学生能够体验不同文化之间的交流和挑战，发现并解决跨文化交际中可能出现的问题。

教师还可以提供跨文化案例，让学生进行分析和讨论。学生可以研究真实的商务案例，分析其中的文化差异和交际策略，提出解决方案，并进行团队讨论和展示。这样的活动可以帮助学生将跨文化交际理论运用到实际情境中，培养解决问题与合作能力。

在虚拟仿真和模拟训练中，及时提供学生的反馈和评估。教师可以观察学生的表现，评估他们在跨文化交际中的技巧和能力，并提供有针对性的指导和建议，帮助他们不断改进和提升。

通过课程设计中的跨文化交际模块以及虚拟仿真和模拟训练，商务英语教学可以帮助学生培养跨文化交际的能力和技巧。学生通过理论学习、案例分析和实践训练，能够更好地应对国际商务环境中的文化差异，提高商务交流的效果和成功率。

第六章　高校商务英语的教学评价研究

第一节　教学评价概述

教学评价在教育领域中扮演着重要的角色，它不仅是对教学过程和结果的客观评估，也是教学管理和教学改革的重要组成部分。通过评价，教师可以了解教学的效果、发现问题、提供反馈，并为教学质量的提升提供依据和指导。

一、教学评价的内涵

教学评价是一种系统性的过程，用于评估和测量教育活动的有效性、质量和成果。它旨在收集和分析关于教育教学过程的信息，以便为教育决策提供有关改进教育的数据和见解。

（一）教学评价的对象、范围和地位

教学评价的对象是教学过程和结果。它旨在对教学活动进行全面、客观、准确的评估。教学过程包括教师的教学方法、教学内容、教学组织等方面，而教学结果则是指学生的学习成果、能力发展等。教学评价不仅关注单个教师或学生的表现，还涉及教育系统的各个层次和环节，包括学校、教育管理部门以及教育政策制定者。

教学评价的范围涵盖广泛。从微观角度看，它可以针对单个教学活动或课堂进行评价，对教学方法、教学资源等进行分析和改进。从宏观角度看，它可以对学校的整体教学质量进行评估，包括教师队伍建设、教学管理、教育资源配置等方面。此外，教学评价还可以涉及教育政策的制定和实施，对教育体制和教育改革进行评估和反馈。

教学评价在教育中的地位日益重要。它是教育改革和教学管理的重要组成部分，对提高教学质量、推动教育发展具有重要意义。通过评价，学校可以了解教学的效果和问题，为教师和学生提供发展的方向和改进的机会。同时，教学评价也是教育管理和政策制定的重要依据，为决策者提供科学、准确的信息，推动教育改革和发展。

（二）教学评价的目的和作用

1. 了解教学效果

教学评价的首要目的是了解教学的效果。通过评价，学校可以对教学过程和结果进行客观、全面的分析和评估，了解学生的学习情况、教师的教学质量以及教学资源的利用情况。这样可以及时发现问题和不足，并为改进提供依据和方向。

2. 支持教学改进

教学评价可以为教师提供改进教学的机会和动力。通过评价结果的反馈，教师可以了解自己的教学优势和不足，发现问题并采取相应措施进行改进。评价结果可以帮助教师调整教学策略、改进教学方法，提高教学效果和学生的学习成绩。

3. 促进学生全面发展

教学评价旨在促进学生的全面发展。评价不仅关注学生的学习成绩，还关注学生的能力培养、品德素养、创新能力等方面。通过评价，学校可以发现学生的优势和潜力，并为他们提供个性化的教学和发展机会，促进他们在各个方面的全面发展。

4. 为决策提供依据

教学评价是教育管理和政策制定的重要依据。评价结果可以为决策者提供科学、准确的信息，帮助他们了解教育的现状和问题，制订相应的教育政策和改革方案。

5. 促进教育公平

教学评价可以促进教育的公平性。通过评价，学校可以客观地评估学生的学习成果和能力发展，减少主观偏见和不公平现象的发生。评价结果可以帮助教育决策者和教育机构采取措施，确保每个学生都能获得平等的教育机会和资源。

6. 提供教学质量保障

教学评价是教育质量保障的重要手段之一。通过评价，学校可以对教学质量进行监测和评估，及时发现问题并采取措施进行改进。评价结果可以为学校和教育管理部门提供教学质量的参考指标，帮助他们制定和实施相应的质量保障措施。

7. 促进教师专业发展

教学评价对教师的专业发展具有重要意义。评价结果可以为教师提供反馈和指导，帮助他们了解自己的教学水平和能力，并提供相应的培训和支持。通过评价，教师可以不断提升自己的教学能力和专业素养，实现个人和职业的成长。

（三）教学评价的依据

教学的价值目标和标准是进行价值判断的重要依据。教学目标反映了教育的价值追求，而教学标准则规定了学生应该达到的知识、技能和能力水平。通过对学生在这些目标和标准上的表现进行评价，可以进行价值判断。

教学方针、政策和教学目标是教学价值观的集中体现，也是进行价值判断的依据之一。教学方针和目标可以明确教育的价值导向和追求，从而指导评价的目标和标准的确定。

在进行价值判断时,可以参考马克思主义价值观和社会主义现代化建设的需要。这些价值观可以为评价提供价值取向和指导,确保评价与社会主义核心价值观相一致,符合社会发展的需求。

二、教学评价体系的结构

教学评价体系的结构通常包括价值目标和标准、组织机构和人员、评价方法和技术以及评价对象与评价人员的心理调控。下面将对每个方面进行说明:

(一)价值目标和标准

教学评价体系的价值目标和标准是评价体系建设的基础和指导。价值目标是对教育的价值追求和期望的描述,如培养学生的综合素质、激发学生的创新能力等。标准是衡量教学质量和学生学习成果的准则,如学生的知识掌握程度、能力水平、学习态度等。价值目标和标准的制定应充分考虑教育的社会需求、学科特点和学生个体差异。

(二)组织机构和人员

教学评价体系需要有相应的组织机构和人员来负责评价工作的组织和实施。这可能包括教育行政部门、学校的评价委员会或评价中心、教师和专家等。组织机构和人员应具备相关的专业知识和技能,能够确保评价的公正性、客观性和科学性。

(三)评价方法和技术

评价方法和技术是教学评价体系中用于收集、分析和解释评价信息的工具和手段。评价方法可以包括测试、观察、问卷调查、访谈、作品评价等多种形式,以获取全面和多角度的评价数据。评价技术则包括数据分析、统计处理、数据可视化等方法,以帮助理解和解释评价结果。

(四)评价对象与评价人员的心理调控

评价对象是指接受评价的学生、教师或教育机构等。评价人员是进行评价的教师、专家或其他相关人员。评价对象与评价人员的心理调控是指在评价过程中,通过合理的沟通、引导和反馈等方式,调节评价对象和评价人员的心态和情绪,确保评价的有效性和可接受性。这包括建立积极的评价氛围、关注评价对象的个体差异和需求、提供及时的反馈和改进建议等。

以上是教学评价体系的一般结构,它们相互关联和相互影响,共同构成一个完整的评价体系。在实际运用中,需要根据具体情况和评价目的进行灵活调整和适应。

三、教学评价的意义

(一)教学评价是教学管理的重要组成部分

教学评价可以为教学管理提供可靠的依据和参考。通过评价教师的教学效果和学生的学习成果,可以了解教学质量的优劣,发现问题和不足,从而采取相应的管理措施进行改进。评价结果可以帮助学校和教育行政部门制订教学发展计划、教师培训计划和资源配置等决策,促进教学管理的科学化和精细化。

(二)教学评价是深化教学改革的重要措施

教学评价可以提供对教育教学改革的反馈和评估。通过评价教学效果和教学方法的运用,可以发现教育教学改革的成效和问题,为改革提供科学的依据和方向。评价结果可以揭示教育教学改革的需求和发展方向,促进教学方法的创新和教学理念的更新,推动教育教学改革向更高水平发展。

(三)教学评价是全面提高教学质量的重要手段

教学评价可以促进教学质量的全面提高。通过评价学生的学习成果和教师的教学效果,可以发现教学中的问题和瓶颈,为教师提供改进的机会和动力。评价结果可以揭示学生的学习需求和困惑,为个性化和差异化教学提供指导。同时,评价结果可以激发学生的学习动力和自主性,推动他们积极参与学习,提高学习效果。

四、教学评价的功能

教学评价具有多种功能,下面将介绍其中的五个主要功能:

(一)导向功能

教学评价可以为教学活动提供明确的指导和目标。通过评价教学效果和学生学习成果,可以确定教学的优势和不足,明确改进的方向和目标。评价结果可以帮助教师调整教学策略和方法,优化教学过程,确保教学活动朝着预期目标前进,提高教学的有效性和效率。

(二)监督检查功能

教学评价可以对教学活动进行监督和检查。通过评价教师的教学效果和学生的学习成果,可以发现教学中存在的问题和不足,及时进行纠正和改进。评价结果可以帮助学校和教育行政部门进行监督和评估,确保教学活动符合规范和要求,提高教学质量和教育公平性。

(三)激励功能

教学评价可以激发教师和学生的积极性和进取心。通过评价教师的教学效果和学生的学习成果,可以给予他们相应的奖励和认可,激励他们持续努力和提高。评价结果可以激发教师的教学热情和创新意识,激励学生的学习动力和自主性,促进教学活动的蓬勃发展。

(四)筛选择优功能

教学评价可以筛选和选择出优秀的教师和学生。通过评价教师的教学效果和学生的学习成果,可以辨别出教学中表现优异的教师和学生。评价结果可以为学校和教育行政部门提供选拔和激励的依据，促进教师的专业发展和学生的个性发展，优化教育资源的配置。

（五）诊断改进功能

教学评价可以诊断教学中存在的问题和短板，并为改进提供依据。通过评价教学效果和学生学习成果，可以分析和解释教学中的困难和挑战，找出原因并提出改进措施。评价结果可以帮助教师和学校进行自我反思和诊断，促进教育教学的持续改进和创新。

第二节 高校商务英语教学评价模型与框架

商务英语作为一门重要的学科，对培养高校学生的国际化视野、跨文化沟通能力和商务实践能力具有重要意义。为了确保高校商务英语教学的有效性和质量，教学评价成为不可或缺的环节。

一、商务英语教学评价的重要性与原则

（一）商务英语教学评价的重要性

1. 指导和促进商务英语教学

商务英语教学评价体系可以指导和促进商务英语教学的发展。通过评价体系的建立，可以及时了解商务英语教学的整体情况，发现问题和不足，并提供反馈信息给教师，以便改进和完善教学方法和教学内容，从而保证商务英语教学顺利实施。

2. 确定教学目标的实现情况

商务英语教学评价体系可以确定商务英语教学目标在学习者身上的实现情况。通过评价，可以了解学习者在商务英语学习中的实际发展情况，哪些方面已经达到预期目标，哪些方面需要改进和提升。同时，学习者可以通过评价认识自己，积极进行自我调整，以实现商务英语学习的目标。

3. 提供反馈信息支持教师改进教学

商务英语教学评价体系可以为教师的正确施教提供反馈信息。评价可以提供确定、准确的信息，帮助教师改进和完善商务英语教育教学。教师可以根据评价结果，及时调整教学策略和方法，以最快、最近地达到商务英语教学目标。

4. 优化教学要素

商务英语教学评价体系可以为优化教学的构成要素提供具有针对性的建议。评价不仅可以发现教育对象和教育过程中的问题，还可以反映各种教学构成要素的情况，如教学计划、课程方案、教材和办学条件等。通过评价，可以改进和优化这些要素，以实现最终的教育最优化效果。

5. 导向和激励教学双方

商务英语教学评价对教学方和受评方都具有导向和激励的作用。评价标准成为受评者的努力方向，促使他们不断努力以接近标准。同时，评价结果可以激励受评者，激发其成就动机，追求好的评价结果，从而取得更大的成就。

6. 提高教育管理水平

商务英语教学评价是提高商务英语教育管理水平的重要举措。评价体系可以帮助实现教育管理的科学化、现代化和制度化，促进教育决策的科学化。通过评价，可以进行教育教学质量的管理和监督，为教育实施提供有效的机制和依据。

（二）商务英语教学评价体系的原则

1. 科学性原则

商务英语教学评价体系应基于科学的理论和方法，确保评价的准确性和可靠性。评价方法和工具应经过科学研究和验证，评价结果应建立在客观、可量化的依据上，以确保评价的科学性和可信度。

2. 多样化原则

商务英语教学评价体系应采用多样化的评价方法和工具，以充分反映学生在不同维度和能力上的表现。评价手段可以包括考试、作业、项目、口头报告、角色扮演等多种形式，以满足不同学习风格和能力特点的学生的评价需求。

3. 真实性原则

商务英语教学评价体系应尽可能接近真实商务环境，评估学生在实际商务场景中的应用能力。评价内容和情境应与真实商务交流和任务相符，以确保评价结果具有实际参考价值。

4. 持续性原则

商务英语教学评价体系应是一个持续性的过程，而非仅限于特定时间点的一次性活动。评价应在整个教学过程中贯穿始终，以及时提供反馈和指导。教师应定期进行评价，并根据评价结果进行教学调整和改进，以促进学生的持续学习和发展。

5. 标准化原则

评价应基于明确的评价标准和评分体系，以保证评价的客观性和公正性。评价标准应事先确定，并对评分人员进行培训，以减少主观因素对评价结果的影响。

这些原则可以确保商务英语教学评价体系的科学性、全面性、客观性和可持续性。通过科学的评价方法和工具，多样化的评价手段，真实的评价情境和持续的评价过程，可以更好地了解学生的商务英语能力和应用水平，为他们的学习和职业发展提供有针对性的指导和支持。

二、现有商务英语教学评价模型与框架分析

(一)现有商务英语教学评价模型与框架

目前存在多种商务英语教学评价模型与框架,以下是其中几个常见的:

CEFR(Common European Framework of Reference for Languages):CEFR 是一个广泛应用于语言教学评价的框架,包括商务英语。它将语言能力划分为不同的级别,从 A1(初级)到 C2(高级),并提供了描述每个级别下学习者所需掌握的知识、技能和能力的详细说明。

BULATS(Business Language Testing Service):BULATS 是一种商务英语语言能力测试,由剑桥考试委员会(Cambridge Assessment)开发。它提供了针对商务环境中听力、阅读、写作和口语等方面的评估,并根据 CEFR 的级别划分对学习者的语言能力进行评价。

ESP(English for Specific Purposes)评价模型:ESP 评价模型是针对特定领域的英语教学评价,包括商务英语。它侧重评估学习者在特定商务场景中的语言运用能力和专业知识,如商务会议、商务写作、跨文化交流等。

360 度评价:这种评价模型涉及多个评估者对学习者进行全方位的评价,包括教师、同伴和自我评价。通过综合不同来源的评价结果,可以更全面地了解学习者的商务英语能力和表现。

项目作业评价:商务英语教学中的项目作业评价模型侧重评估学习者在实际商务场景中应用英语的能力。学习者需要完成与商务相关的实际任务或项目,如商务报告撰写、商务演讲等,并根据完成情况和成果进行评价。

(二)现有模型与框架的优缺点

综合来看,各种商务英语教学评价模型与框架都有其优点和局限性。

CEFR 为语言能力提供了明确的级别划分,并提供了详细的能力描述。这使得学习者和教师能够了解学习目标和进展,但它并非专门为商务英语设计,对特定领域的能力评估有限。BULATS 考察了商务英语听力、阅读、写作和口语等多个方面的能力,并与国际范围内的语言能力评估保持一致。然而,其偏重考察学习者应试能力,可能无法全面评估实际应用能力。ESP 评价模型针对商务英语特定领域的语言能力和知识进行评估,与实际需求紧密相关。它可以提供具体的商务英语技能和知识的指导和反馈,但需要根据具体领域和任务进行设计,对教师和评估者的专业能力要求较高。360 度评价综合了多个评估者的观察和意见,提供了更全面的评价。这种方法可以促进学习者的自我评价和反思,培养学习自主性。然而,360 度评价过程可能较为复杂和耗时,评估者的主观因素可能对结果产生影响。项目作业评价着重评价学习者在实际商务任务中的应用能力,贴近实际需求。它强调实践和实际操作,培养学习者的实际应用能力。然而,项目作业评价过程可能相对复杂,需要设计和组织实际商务任务,并且可能无法覆盖所有商务英语领域。

因此，选择合适的商务英语教学评价模型与框架需要综合考虑教学目标、学习者需求、评价的可行性和可靠性等因素。在实际运用中，可以结合多种评价方法，根据具体情况进行灵活组合和调整，以达到更全面、准确和有效的商务英语教学评价。

四、高校商务英语教学评价模型的构建

（一）教学目标的设定与分类

教学目标的设定是教学评价的基础，它们描述了学生应该达到的预期结果。在商务英语教学评价中，教学目标应该明确反映商务英语能力和技能的要求，如商务写作、商务口语、商务沟通等。评价教学目标的达成程度是评价学生商务英语学习成果的重要依据。

（二）教学内容与教学方法的选择

教学内容和教学方法的选择对学生的学习效果和能力发展至关重要。在商务英语教学评价中，评价教学内容的选择是否贴合实际商务环境，评价教学方法的有效性和适应性，可以促进学生在商务英语能力和技能方面的成长及进步。

（三）学习资源的整合与利用

学习资源的整合与利用是指将各种线上和线下的教学资源有效地结合起来，以支持学生的学习和发展。在商务英语教学评价中，评价学习资源的整合和利用程度，可以了解学生是否能够充分利用资源进行学习，以及资源对学生商务英语学习的贡献度。

（四）学生学习过程的监测与反馈

学生学习过程的监测与反馈是评价学生学习进展和提供指导的重要环节。在商务英语教学评价中，评价学生学习过程的监测和反馈机制，可以了解学生的学习动态、困难和需求，以及教学是否能够及时调整和提供支持。

（五）教师教学效果的评估与提升

教师教学效果的评估与提升是教学评价中不可或缺的一部分。在商务英语教学评价中，评价教师的教学效果可以从学生学习成果、学习动机、学习满意度等方面进行综合评估。通过评估教师的教学效果，可以为教师提供改进和提升的方向，以提高商务英语教学的质量和效果。

以上各部分都是构建商务英语教学评价模型的重要因素，它们相互关联、相互作用，共同构成一个完整的教学评价体系。

四、高校商务英语教学评价框架的建立

（一）教学评价的维度与指标体系

在建立高校商务英语教学评价框架时，需要确定评价的维度和相应的指标体系。

1. 语言能力维度

口语能力：流利度、准确度、发音、语法运用等。

写作能力：组织结构、语法准确性、词汇使用、写作风格等。

听力能力：听取和理解商务信息的准确性、听力策略的运用等。

阅读能力：理解商务文本的准确性、提取关键信息的能力等。

2. 商务知识维度

商务词汇与术语：词汇量、词汇准确性、术语运用等。

商务文化和礼仪：对跨文化交流中商务礼仪的理解和运用等。

商务实践知识：对商务环境中实际操作技巧和流程的掌握等。

3. 跨文化交际维度

跨文化沟通能力：对不同文化背景下商务交流方式的理解和运用。

跨文化意识：对不同文化价值观和信仰的尊重和理解程度。

4. 商务技能维度

商务谈判技巧：谈判策略的运用、问题解决能力等。

团队合作能力：在商务团队中的合作和协作能力等。

解决问题能力：对商务问题的分析和解决能力等。

指标体系应具体明确，可操作和可衡量。每个指标都应该与维度相关，并能够反映学生在该维度上的表现和发展。

（二）评价过程中的数据收集与分析方法

在评价过程中，需要收集和分析相关数据以评估学生的表现和进展。以下是一些常用的数据收集和分析方法：

测试和考试：可以通过口语测试、写作测试、听力考试和阅读考试等形式收集数据，并使用标准化评分或评分标准进行分析。

作业和项目评估：通过分析学生的作业和项目成果，评估他们在语言能力、商务知识和技能等方面的表现。

观察和记录：教师可以观察和记录学生在课堂上的参与度、表现和贡献，以及他们在商务沟通和合作中展示的能力。

学习成果展示：学生可以展示他们在商务英语领域的学习成果，如口头报告、写作作品、商务演示等。这些展示可以被评估和分析。

数据分析可以使用定量和定性方法。定量方法包括计分和比较学生的得分、百分比等统计数据。定性方法可以通过对学生作品和表现的描述和评估来提供更详细的信息。

（三）评价结果的呈现与应用

评价结果应以可理解和易于使用的方式呈现，以便教师、学生和其他相关人员理解和应用。以下是一些呈现和应用评价结果的方法：

成绩单和报告。可以根据评价结果制作成绩单和报告，提供学生在不同维度和指标上的得分和评价。这些报告应具备清晰的结构，包括文字描述、图表和图形等形式，以便于理解和比较。

反馈和建议。评价结果应该提供给学生，并附带个性化的反馈和建议，帮助他们了解自己的强项和改进的方向。这样的反馈和建议可以促进学生的学习动力和自我提升。

教学改进。评价结果应该为教师提供有关教学效果和学生表现的反馈。教师可以根据评价结果进行教学改进，调整教学方法、内容和资源，以提高学生的学习成果。

课程设计和发展。评价结果可以为课程设计和发展提供重要的参考信息。通过分析评价结果，教师和课程设计者可以了解学生在各个维度和指标上的表现情况，从而进行课程目标和内容的优化和调整。

总之，评价结果的呈现和运用应该是综合性的、多角度的，并针对不同的受众提供相应的反馈和建议。评价结果的有效应用可以促进学生的学习和发展，提高教学质量和效果。

第三节 高校商务英语教学评价方法

商务英语教学评价是确保学生在商务领域获得有效知识和沟通技能的重要环节。它不仅有助于教师了解教学的有效性，还可以帮助学生了解自己的学习进展，并提出改进的机会。在商务英语教学中，评价方法多种多样，本节就对几种常用的方法进行介绍。

一、商务英语教学终结性评价

（一）商务英语教学终结性评价的内涵

终结性评价，也称结果评价，是一种教育评估方法，其主要目的是在一段教育活动结束后，对学习成果进行综合评估，以便做出相关决策或提供教育方面的依据。这种评价形式侧重衡量学习者在一段时间内的学术成绩和知识掌握程度。终结性评价相对较固定，通常采用定量分析方法，评价主体通常是教师或教育机构。

终结性评价的主要形式是测试或标准化考试。测试在语言教育中占据重要地位，与教学密切相关，两者互为补充，相互影响。测试既可以为教学提供重要的反馈信息，也可以直接影响教学内容和方法的选择。另外，教学实践也可以为测试提供有价值的数据和信息。

终结性评价注重学习成果，通常采用正式考试的方式进行。这种评价方法具有客观、简单、易于实施的特点，因此在教育领域中得到广泛应用。同时，它也能够为学生和教师提供明确的反馈，帮助他们了解学习进展，调整教学策略，并为学生的发展水平提供结论性评价。

测试在语言教学中不仅是评估学习成果的工具，还是课程设计和实施的重要参考，对提高教学效果和质量起着关键作用。因此，在语言课程开发中，测试应被视为一个不可或缺的组成部分，需要与其他教育环节相互融合，以实现综合教育目标。

商务英语教学具有普通语言教学的特征，同时具备专门用途英语教学的特点。这意味着商务英语教育不仅要注重培养学习者的英语基本技能，还要将重点放在商务环境中，以培养学生运用英语进行国际商务活动的能力。因此，在商务英语教学评价中，需要考虑这两方面的因素。传统的商务英语测试模式通常侧重识别性试题，主要测试学习者的语言知识，而未充分考虑语言情境、社会文化环境、语篇以及语言特定的功能。这导致测试与实际商务英语应用脱节，难以全面评估学生的商务英语能力。因此，优化商务英语测试模式是必要的，且这种优化应该体现商务英语的测试设计原则与方法，将语言知识与实际商务场景相结合。

商务英语具有专门用途英语的基本特征，这意味着它不同于普通的英语教育，而是专门为特定的学习者群体、特定专业领域和特定职业需求而设计。它在几个方面体现了这种特殊性：首先，商务英语的教育目标不仅包括语言技能的培养，还包括如何在商务领域中掌握工作所需的知识和技能。其次，商务英语教育需要关注特定行业的术语、表达方式以及专业用语，以确保学习者在特定领域中能够有效地沟通和交流。最后，商务英语与普通英语形成了明显的对比，因为它更加专注于商务环境和需求。

从这些专门用途英语的特征中，可以推导出商务英语测试的基本特点。首先，商务英语测试具有行业针对性，因为它旨在评估学习者在国际商务领域中使用英语的实际能力。其次，商务英语测试强调真实性，要求测试内容与实际商务交流一致，以确保测试结果具有实际应用价值。最后，商务英语测试需要具备综合性，因为商务英语涉及多个领域，包括语言知识、商务知识和商务技能的学习，测试应该综合考察学习者的各种能力，促进他们的综合素质提高。

综合来看，商务英语测试是一种独特的语言测试，它考虑了语言测试的基本原则，同时充分体现了专门用途英语的需求。因此，在商务英语测试的设计和实施中，需要综合考虑这些特点，以确保测试的有效性、可信度、实用性和难易度，并根据商务英语的具体教学内容和目标进行调整。

（二）商务英语教学终结性评价的实施

商务英语教学的终结性评价是课程结束时对学生知识和能力的全面评估，旨在确认学生是否已经掌握所教授的内容，并能够在实际商务环境中运用这些知识和能力。为了有效地实施商务英语教学的终结性评价，需要明确测试所涵盖的知识和能力范围，以及明确具体的能力要素以及与之相关的内容。

1. 明确测试所涵盖的知识和能力范围

商务英语教学的终结性评价首先需要明确要测试的知识和能力范围。这包括以下方面：

（1）语言技能。商务英语教学通常涵盖听、说、读、写四大语言技能。评价需要明确测试哪些方面的语言技能，如是否侧重口语交流、书面沟通或综合技能。

（2）商务词汇和专业知识。商务英语涉及大量的商业术语和专业知识，评价需要包括对学生掌握商务词汇和专业知识的测试。

（3）跨文化交际能力。商务英语教学要求学生具备跨文化交际的能力，评价可以包括对学生在跨文化交际中的表现的考察。

（4）商务写作。商务英语课程通常会涵盖商务信函、报告、演示文稿等商务写作技能，评价需要包括对学生商务写作能力的测试。

（5）商务沟通技巧。商务英语教学强调学生的商务沟通技巧，包括会议技巧、电话交际技巧等，评价可以包括对这些技能的测试。

（6）商务文化和礼仪。商务英语不仅仅是语言，还涉及商务文化和礼仪，评价可以包括对学生在商务场合中的文化敏感度和行为表现的测试。

2. 明确具体的能力要素以及与之相关的内容

继续执行商务英语教学的终结性评价，需要明确具体的能力要素，以及与之相关的内容。这一步骤有助于确保评价的准确性和全面性。以下是一些可能的能力要素以及与之相关的内容：

（1）商务口语能力

能够进行商务电话交际，包括电话会议、客户服务电话等。

能够进行商务演示，包括产品介绍、销售演示等。

能够参与商务会议，包括表达自己的意见、提出建议等。

（2）商务写作能力

能够编写商务邮件，包括询盘邮件、订单确认邮件等。

能够起草商务报告，包括市场分析报告、销售报告等。

能够撰写商务计划，包括市场营销计划、财务计划等。

（3）商务词汇和专业知识

掌握与特定行业相关的商务词汇，如金融、医疗、IT等。

理解商务合同、协议和法律文件的相关词汇和知识。

（4）跨文化交际能力

能够识别和应对不同文化背景下的沟通障碍。

能够适应不同文化的商务礼仪和惯例。

（5）商务沟通技巧

能够有效运用非语言沟通技巧，如肢体语言、面部表情等。

能够提问、倾听和回应，以促进良好的商务交流。

（6）商务文化和礼仪

理解不同国家或地区的商务文化差异，如礼仪、礼物习惯等。

能够在商务场合中表现出尊重和专业性。

一旦明确了测试的知识和能力范围以及具体的能力要素，就可以选择合适的评估工具和方法，如考试、口头演示、写作任务、角色扮演等，以便全面测评学生的商务英语能力。此外，评价过程应包括自评和同行评估，以确保客观和全面性。

3.确定终结性测试的原则

商务英语教学终结性评价的原则是确保评价具有真实性、交互性、目标导向性和综合性。这些原则有助于确保评价能够有效地反映学生的商务英语能力，为他们提供有用的反馈，并帮助他们更好地准备面对真实的商务环境。通过综合运用这些原则，商务英语教育可以更加贴近实际需求，提高学生的商务交际能力和跨文化素养。

（1）真实性

评价应当模拟真实商务环境中的语言使用情况。试题和任务应反映出在商务场景中可能会遇到的实际问题，包括商业会话、邮件通信、报告编写等。

评价应尽可能采用真实的商务文档、实际会话录音或商业新闻等，以确保学生在测试中面对的内容与实际商务情境接近。

评价应考查学生在真实商务交际中所需的策略，如礼仪、谈判技巧、跨文化交际能力等，以确保他们在实际商务环境中能够成功应对各种情况。

（2）交互性

评价任务应当要求学生在测试中积极互动，如进行商务电话会议、模拟商务谈判、撰写商业报告等。这种互动性可以更好地衡量学生的实际应用能力。

商务英语通常涉及不同文化之间的交往，因此评价应包括与不同文化背景的人互动的情景，以测试学生的跨文化交际能力。

商务交际通常包括口头、书面和非语言元素。评价任务应考查学生在不同交际模态下的表现，如口头演讲、邮件撰写、肢体语言等。

（3）目标导向性

评价任务和内容应与商务英语教学的学习目标一致，确保学生在测试中展示他们已经掌握的知识和技能。

学生应清楚了解评价任务的目的，以便有针对性地应对。

（4）综合性

商务英语评价应全面考查学生的听、说、读、写等多方面技能，以确保他们在各个方面都具备商务英语能力。

商务领域涉及多个行业和专业领域,评价应涵盖不同领域的商务术语和实践,以适应不同学生的需求。

4. 根据测试内容与目标选择测试题型

根据商务英语教学内容和学习目标,选择适当的测试题型是商务英语终结性评价的关键步骤。不同的测试题型可以帮助评估学生在不同方面的商务英语能力,包括词汇掌握、语法运用、阅读理解、听力理解、口语表达和写作能力。以下是一些常见的商务英语测试题型和它们的特点:

(1)术语对应题型

这种题型适合测试学生对商务领域的专业词汇和半专业词汇的掌握程度。测试题可以要求学生根据提供的英文词汇,写出其对应的中文译文,或者反之。这有助于评估学生对商务术语的熟悉程度。

(2)定义搭配题型

在这种题型中,测试题会提供一些商务英语术语,然后提供它们的定义或解释,但是顺序会打乱。学生的任务是将术语与其正确的定义匹配起来。这有助于检测学生对商务概念和定义的理解程度。

(3)阅读理解题型

商务英语中的阅读理解题型可以涉及各种商务文档,如合同、报告、邮件、广告等。学生需要阅读文本并回答相关问题,或者根据文本填写表格、完成句子等。这种题型可以测试学生的阅读理解能力、词汇掌握和对商务信息的理解。

(4)听力理解题型

商务英语听力理解题型通常涉及商务电话、会议录音、演讲等。学生需要听取录音并回答相关问题,或者填写听到的信息。这有助于评估学生的听力技能、听懂不同语音和口音的能力,以及对商务场景的理解。

(5)完形填空题型

这种题型要求学生在一篇商务英语文章中填写空白处,通常涉及文章中的关键词或短语。学生需要根据上下文理解和词汇掌握来完成文章。这有助于测试学生的阅读理解和语法运用能力。

(6)翻译题型

商务英语翻译题型可以涉及句子翻译或短文翻译。学生需要将提供的英语文本翻译成中文或反之。这种题型不仅可以测试学生的语言知识,还可以考察他们的翻译技能和对商务信息的理解。

(7)口语表达题型

口语表达题型通常要求学生在给定的商务情境下进行口头表达,可以是模拟商务电话、商务会议、演讲等。学生需要以流利、准确的方式表达自己的想法和观点。这有助于评估学生的口语交流能力和跨文化交际技能。

（8）写作题型

商务英语写作题型可以包括商务邮件、报告、建议书等不同类型的写作任务。学生需要根据任务要求和情境撰写商务文档。这种题型测试学生的写作能力、组织能力和语言表达能力。

综合考虑以上不同的题型，商务英语教学终结性评价可以设计多样化的测试题型，以全面评估学生的商务英语能力。根据课程目标和学习者的需求，教师可以选择合适的题型，确保评价反映学生在商务领域的实际应用能力，同时提供有针对性的反馈和改进建议，以促进他们的进步和提高综合商务英语能力。

二、商务英语教学形成性评价

（一）商务英语教学形成性评价的内涵

商务英语的终结性评价虽然对学习者的最终学习结果进行了检验，但它有一些局限性。首先，终结性评价主要关注学习者的最终成绩，对他们的个体改进和发展提供的信息相对有限。其次，终结性评价的标准是事前设定的，有时可能不够全面或者不够贴近实际情况，容易出现评价与实际表现不符的情况。

相对终结性评价，形成性评价则强调了对学习者在日常学习过程中的表现、所取得的成绩以及反映出的情感、态度、策略等方面的评价。形成性评价不仅仅局限于学期末或课程结束时，而是贯穿整个学习过程。它的主要目的是提供及时的反馈，帮助教师和学习者调整教学策略和学习方法，以满足学习者的需求，提高教学质量和效果。

终结性评价通常侧重定量分析，而形成性评价更注重对学习者的表现和进展进行描述和分析。它们两者相辅相成，强调了教学评价的不同侧面。形成性评价的关键在于监控和评价学习者的进展，以便及时采取措施进行改进。例如，在一个学习单元结束时，可以进行一次小测验，以了解学习者的进展情况，并根据结果进行教学调整和指导。这样，学习者不再是被动接受评价，而是积极参与并成为评价的主体。

形成性评价的主要目的是促进学习者的学习过程，通过提供及时的反馈信息来激发学习者的学习动力，帮助他们有效地调整学习策略，获得成就感，增强自信心，培养合作精神。形成性评价的优势体现在以下几个方面：

1.及时获取反馈信息

形成性评价可以在学习过程中随时进行，帮助教师及时了解学习者的进展情况，发现问题并采取措施进行纠正。这种及时性有助于教育方案和计划的调整，提高教学活动的质量。

2.关注学习进步

形成性评价不仅仅关注学习者的优劣程度，更强调他们的学习进步。它不是追求对学习者进行分等鉴定，而是检查他们在学习过程中的成功和失败，为师生提供连续性的反馈信息，以便改进教学和学习。

3.评价主体多元化

形成性评价鼓励学习者积极参与评价过程，使他们从被动的评价客体变为积极的评价主体。学习者可以自我评价，与同学互相评价，这有助于培养他们的主动性和积极性。

4.评价内容多样化

形成性评价的内容非常多样化，不仅关注知识的掌握情况，还包括学习者的学习过程、方法、态度、情感等方面的评价。这种多样性有助于全面了解学习者的学习状况，并为针对性的教育提供依据。

总之，形成性评价强调教育过程中的反馈和改进，使教学更加有针对性和个性化。它不仅关注学习者的学术成绩，还注重培养学习者的学习动力和学习能力，有助于提高教学质量和学习效果。形成性评价是教育领域中的一种有益的评价方式，对促进学习者的发展和进步至关重要。

（二）商务英语教学形成性评价的方法

在商务英语教学中，形成性评价是一种非常重要的评价方式，它关注学习者的学习过程和表现，以帮助他们不断提高英语能力。以下是一些常用的形成性评价工具和方法：

1.课堂观察

课堂观察是教育领域中一项重要的教学评价方法，它通过仔细观察学习者在教室环境中的行为和表现，以便教师能够更好地了解他们的学习过程、需求和进展。在商务英语教学中，课堂观察尤为重要，因为商务英语强调实际应用和实践技能，需要学习者不仅掌握语言知识，还要能够在商务场景中运用这些知识。

（1）观察目的明确

在进行课堂观察之前，教师应明确观察的目的。这可以包括评估学习者的语言应用能力、了解他们的学习习惯、发现学习中的问题、改进教学方法等。不同的观察目的会导致不同的观察重点。

（2）观察内容多样化

商务英语教学涉及听、说、读、写、译等多种技能，观察内容应涵盖这些方面。教师可以观察学习者的口语表达能力、听力理解能力、写作技巧、专业词汇运用等。同时，还可以观察他们的学习策略、参与度和合作精神等。

（3）观察方法灵活

观察方法可以多种多样，可以根据观察的内容和目的来选择。常见的方法包括事件记录法、评价项目单、等第量表、视频录像等。事件记录法适用于捕捉特定事件或行为，评价项目单可用于评估学习者的特定技能，而等第量表可用于整体评估。

（4）观察时间点选择

观察可以在课堂上进行，也可以在课后进行。在课堂上观察时，教师虽然可以实时记录学习者的表现，但也需要确保不干扰课堂进程。在课后观察时，教师可以仔细分析观察结果，提供更具体的反馈和建议。

（5）记录和反馈

观察的结果应当记录下来，以便后续分析和评估。重要的是，观察结果应该与学习者分享，并提供积极的反馈。这有助于学习者了解他们的优点和改进的空间，并激励他们更积极地参与学习。

（6）连续性观察

课堂观察不应该是一次性的活动，而是应该连续进行的。通过连续性观察，教师可以跟踪学习者的进度，及时发现问题并进行干预，以确保他们在商务英语学习中取得成功。

总之，课堂观察是商务英语教学中不可或缺的一部分，它有助于教师更好地了解学习者，提供个性化的指导和支持，促进他们的语言应用能力和实践技能的发展。通过有效的观察，教师可以不断改进教学计划，以满足学习者的需求，提高教学质量。

2.访谈/座谈

访谈/座谈用于教师与学习者之间的开放性对话或小组讨论，以了解学习者的学业情况、需求、问题和进步，以及帮助教师更好地调整教学策略和提供个性化的指导。在商务英语教学中，访谈/座谈是促进师生互动、了解学习者的学习情况以及改进教学的重要工具。

（1）访谈对象和范围

个别访谈。教师可以与单个学习者进行个别访谈。这种形式的访谈允许学习者更开放地表达他们的需求和感受，以及提供更个性化的反馈。

小组讨论。教师可以组织小组讨论，让一组学习者一起讨论他们的学习体验和问题。这可以促进同学之间的互助和合作，分享不同的观点和经验。

全班座谈。教师也可以与整个班级进行座谈，以了解整体学习情况和情感状态，这对于整体教学策略的调整和班级氛围的建设非常有帮助。

（2）访谈内容

访谈内容可以包括关于商务英语学习项目的一般感受，如学习者是否喜欢项目，哪些方面吸引他们，是否存在学习困难以及如何克服这些困难等。

教师还可以询问学习者关于他们自己的学习策略的使用情况，如在阅读商务英语时如何解决理解困难，如何应对写作难题等。

学习者的进步和成就也是重要的访谈内容，教师可以询问他们认为自己在哪些方面取得了进步，并请他们解释这些进步的原因。

（3）访谈的时机

访谈可以在课堂内随时进行，如在课堂讨论中，教师可以提出问题并鼓励学习者分享他们的看法。

此外，教师还可以安排正式的访谈时间，通常在一个单元或主题结束后，以便全面了解学习者的学习经历和反馈。

（4）记录和反馈

访谈过程中，教师应当仔细记录学习者的回答和讨论内容，以便后续分析和评估。

教师应鼓励学习者提供坦诚的反馈，并根据他们的回答提供积极的反馈和建议。这有助于建立积极的学习氛围和互信关系。

（5）教与学的改进

最重要的是，访谈/座谈的目的是促进教与学的改进。通过了解学习者的需求和问题，教师可以调整教学方法，提供更有针对性的指导，以满足学习者的学业需求。

3.学习者自评/互评

商务英语教学中的学习者自评和互评是一种重要的形成性评估方法，旨在鼓励学习者积极参与自我反思和同伴互动，以促进他们的学习和成长。

（1）学习者自我评价

学习者自我评价是指学习者根据事先确定的评价标准，对自己的学习过程和成果进行主动评估的过程。这包括学习者对自己的学习动机、态度、策略、行为和效果等方面进行评估。在商务英语教学中，评价标准可以包括学习者的商务英语口语表达能力、写作技巧、商务英语术语的运用、专业知识的掌握等方面。这些标准需要明确、具体，以便学习者能够准确地评估自己的表现。学习者可以通过定期的自我评价表、学习日记、学习计划和学习总结等方式进行自我评价。在商务英语课程中，学习者可以针对每个学习单元或主题制定评估标准，并在学习结束后进行自我评价。这有助于他们了解自己的学习进展，识别需要改进的领域，并设定未来的学习目标。

学习者自我评价有助于培养学习者的自我监控和反思能力。他们可以更清晰地了解自己的强项和薄弱项，进而采取措施改进学习策略，提高学习效果。此外，自我评价还有助于建立学习者的自信心，增强他们的学习动力。

（2）学习者互相评价

学习者互相评价是指学习者以小组或团队为单位，根据共同的评价标准，对彼此的学习条件、学习过程和学习成果进行评估和反馈的过程。这种方法鼓励同学之间的互动和协作，有助于建立良好的学习社区。在商务英语课程中，学习者可以根据口语交流、写作、商务场景模拟等方面的标准来进行互评。标准应具体明确，以便评价过程更加客观和有效。学习者可以在小组或团队内相互评价，可以使用评价表格或写评语的形式提供反馈。每位学习者都有机会收到来自同伴的评价，并根据反馈进行改进。

学习者互相评价有助于培养他们的团队合作和沟通能力。通过接受同伴的建议和反馈，学习者可以更全面地了解自己的表现，并发展改进的机会。此外，互评还有助于建立信任和尊重，促进良好的学习氛围。

（3）教师的角色

教师在学习者自我评价和互评过程中扮演着重要的指导和监督角色。他们可以为学习者制定明确的评价标准，并提供指导，以确保评价的准确性和客观性。教师还可以监督评价过程，确保学习者之间的反馈是建设性的，并鼓励学习者提供具体的建议和改进意见。

学习者自我评价和互评不仅用于评估学习成果，还可以用作激励学习者和改进教学的工具。学习者可以根据评价结果设定新的学习目标，而教师可以根据反馈改进教学方法和资源。

总之，学习者自我评价和互相评价在商务英语教学中具有重要的意义。它们不仅有助于学习者更好地理解自己的学习需求和进展，还培养了他们的自我监控和合作能力。通过定期的自评和互评，学习者能够建立更自信的学习态度，更有效地达到商务英语学习的目标。同时，教师可以通过学习者的反馈来改进教学方法，提供更好的支持和指导。

三、商务英语档案袋评价

（一）档案袋评价的定义

档案袋评价是一种强调学习者的学业发展和进步的教学评价方法。这种方法通过收集、整理、展示学生在一段时间内的学术和非学术成果、表现以及反思材料，以便全面评估他们的学习进步和发展。档案袋的内容一般由以下部分构成：

1. 作品和成果

档案袋包括学生在课堂内外创作的作品，如文章、研究报告、项目作业、演示文稿、设计作品等。

2. 评价结果

教师的评语和反馈，包括赞扬、建议和提供的得分或等级。

3. 学习日志和自我反思

学生的学习日志、反思日记或自我评价，记录他们在学习过程中的思考、困难、成功和改进策略。

4. 学术和非学术证据

学生可以包括证书、奖项、参与社区服务、实习或工作经验等与学业发展相关的资料。

5. 其他相关记录

包括任何可以反映学生学习和成长的资料，如学习计划、研究提纲、反馈调查等。

档案袋评价方法是一种有益的教学评价方法，强调学生的学业发展和个人成长。它可以促进学生与教师之间的合作和互动，培养学生的自主学习能力，并激发他们的学习动力。

这种方法有助于学生更全面地理解和展示他们的学术和非学术成果。

（二）档案袋评价的优势

档案袋评价在商务英语教学中具有多重优势，这些优势有助于提高学习者的学习动力、自我认知和综合素质的发展。以下是档案袋评价的主要优势：

1. 学习者主导

档案袋评价强调学习者的主动参与。学习者自己选择、整理和展示他们认为最能代表自己学业发展的材料。这使学习者成为评价的主体，可以培养他们的自主学习能力和自我管理技能。

2. 个性化评价

由于学习者自主选择档案袋中的内容，评价更具个性化。这种个性化评价更好地满足了每位学习者的需求和兴趣，使他们感到自己的学习过程得到了尊重。

3. 自我反思和提高

档案袋中的学习日志和自我反思部分帮助学习者审视自己的学习方式、进步和挑战。通过反思，他们能更清晰地认识自己的优点和不足，从而采取措施改进学习策略，取得更好的学术成绩。

4. 激励与自信心

档案袋评价强调学习者的进步和成就，可以为他们提供展示自己努力和进步的机会。这种积极的激励可以增强学习者的自信心和学习积极性。

5. 多元素综合评价

档案袋中可以包括多种类型的学术和非学术作品，如论文、项目、演示、实习报告等。这样的多元素综合评价有助于全面了解学习者的能力和素质。

6. 促进综合素质发展

商务英语教学不仅关注语言技能，还注重学生的综合素质和实际应用能力。档案袋评价有助于评估学生的跨学科知识和综合素质，如创新能力、团队合作、问题解决等。

7. 教育者和学习者的合作

档案袋的构建是一个合作过程，教育者与学习者共同参与确定评价标准和内容。这种合作加强了教育者与学习者之间的互动和合作关系。

8. 长期发展导向

档案袋评价关注学习者的长期发展，而不仅仅是单一的考试结果。通过不断积累材料和反思，学习者可以追踪自己的学习进步，并制定未来的学习目标。

总的来说，档案袋评价方法有助于实现以学习者为中心的教学，提高学习者的自主学习能力和综合素质。它鼓励学习者参与教育过程，根据自己的需求和兴趣进行学习，同时为教育者提供了更全面、深入地了解学生学业发展的机会，有助于教育的不断改进和提高。因此，档案袋评价在商务英语教学中具有重要的应用前景。

（三）商务英语教学档案袋评价法的实施步骤

建立商务英语学习档案可以帮助学习者更好地理解和管理自己的学习过程。以下是建立商务英语档案袋步骤的详细说明，以便学习者能够更好地创建和维护自己的学习档案：

1. 收集资料

这是建立学习档案的第一步。学习者应该收集与他们的商务英语学习相关的各种资料和作品。这可能包括学习笔记、小论文、翻译作业、口语练习记录、商务信函、演示文稿等。确保这些资料具体反映了你的学习过程和成果。

2. 反思学习过程

在建立学习档案时，学习者应该定期进行自我反思。考虑你的学习目标、学习策略、遇到的挑战以及你所学到的知识和技能。这种反思有助于你更清晰地认识自己的学习方式。

3. 评估学习成果

对每次收集的学习资料，学习者需要进行评估。这可以包括自我评价，也可以考虑自己在每项任务中的表现，并评估自己的强项和需改进之处。同时可以请教师或同学提供反馈，以获得不同的观点。

4. 精选学习作品

从收集的资料中选择最具代表性和最有价值的作品，将其纳入学习档案。这些作品应该能够有效地展示你的学习进步和能力。确保你的学习档案保持整洁、有序。

5. 思考学习经验

这是一个重要的步骤，帮助你更深入地理解自己的学习经验。思考你的学习历程，包括成功的时刻、困难的挑战以及你从中学到的教训。这有助于你在未来的学习中做出改进。

6. 定期评价

学习者应该定期审查和更新他们的学习档案。这可以是每个学期末或每学年末的例行程序。通过定期评价，你可以跟踪自己的学习进度，制定新的学习目标，并记录自己的成长。

建立商务英语学习档案不仅有助于学习者更好地管理自己的学习，还能提高他们的自我认知和自主学习技能。这个过程可以成为一个积极的学习经验，激励学习者更有动力地追求学术成功。另外，学习档案也可以在学习者未来的职业发展中发挥作用，展示其语言能力和学术成就。

（四）商务英语教学档案袋评价法的实施策略

商务英语教学档案袋评价法的实施策略涵盖了多个方面，旨在确保评价过程全面、准确，促进学习者的全面发展。具体可以按照以下策略实施：

第一，商务英语教学档案袋评价法应该与课程内容、教学方法和评价方式相结合。这意味着教师应该在教学设计中明确评价的目标和标准，并确保评价内容与课程目标一致。评价不应该被看作是一个独立的活动，而应该与教学过程有机地融合在一起。

第二，商务英语教学档案袋评价法应该综合考虑学习者的学业成绩和学习过程。结果评价关注学习者的综合知识和技能水平，而过程评价关注学习者的学习方法、态度和努力程度。通过将这两种评价方式相结合，可以更全面地了解学习者的学业发展。

第三，商务英语教学档案袋评价法不应仅仅依赖定量数据，如分数或成绩。定量评价虽然可以提供一些信息，但不能完全反映学习者的能力和潜力。另外，教师还应该进行质性评价，包括评价学习者的作品、表现和反思。这些质性数据可以更好地理解学习者的实际能力和成长。

第四，商务英语教学档案袋评价法不应仅仅关注学习者的认知层面，如知识和技能，它还应该考虑学习者的情感、态度和价值观等多元认知因素。这有助于评价学习者的整体素质和能力，而不仅仅是他们的知识水平。

第五，商务英语教学档案袋评价法可以包括多种评价来源，如学习者的自我评价、小组评价和教师评价。这种多元化的评价方式有助于减少评价的主观性，提供不同角度的反馈，帮助学习者更好地理解自己的学习情况。学习者可以通过与他人的评价进行对比，发现自己的优点和改进的空间。

综合来说，商务英语教学档案袋评价法的实施策略应该注重综合性、全面性和多样性。这有助于确保评价的准确性和有效性，同时有助于促进学习者的全面发展和自主学习能力的培养。评价不仅仅是为记录学习者的成绩，更重要的是为帮助他们更好地了解自己的学习情况，帮助其提高学习质量。

第七章 教育技术创新与高校商务英语教学研究

第一节 高校商务英语数字化教材设计

随着信息技术的迅速发展，数字化教育已经成为现代高校教育的重要组成部分。在商务英语教育领域，数字化教材的设计和应用也日益受到关注。数字化教材以其丰富的教学资源、灵活的学习方式、强大的教学互动性以及易于更新迭代等优势，为商务英语教学提供了全新的可能性。本节将深入探讨数字化教材在高校商务英语教学中的应用，从数字化教材的概念、开发必要性、设计原则、内容设计策略以及技术支持研发等方面进行全面剖析，以期为高校商务英语教学的数字化教材设计提供启发。

一、数字化教材概述

（一）数字化教材的概念

数字化教材是指以电子化、网络化、多媒体化等现代信息技术手段为基础，将传统教材内容转化为数字形式，以便于学习者在线或电子设备上的教育和学习。数字化教材不仅包括文字、图像、声音和视频等多种媒体元素，还具备互动性和个性化学习功能，使学习者能够根据自身需求和兴趣进行学习，提供了更加灵活和多样化的学习方式。

数字化教材的核心特征包括：

1. 多媒体性

数字化教材融合了文本、图片、音频、视频等多种媒体元素，丰富了学习内容，使学习更具吸引力和趣味性。

2. 互动性

学习者可以通过数字化教材与内容互动，例如点击链接、参与在线讨论、完成互动测验等，促进了学习的积极参与。

3.个性化学习

数字化教材可以根据学习者的兴趣、学习进度和学习风格提供个性化的学习路径和内容推荐，增强了学习的效果和效率。

4.实时更新

数字化教材可以随时更新和修订，以适应不断变化的知识和教育需求，确保学习内容的时效性。

5.在线学习支持

数字化教材通常与在线学习平台结合使用，学习者可以随时随地访问平台，实现远程学习和协作学习。

数字化教材的发展源自信息技术的快速进步，尤其是互联网和移动设备的普及。数字化教材在高校教育中的应用范围广泛，包括各种学科和领域，为学生提供了更便捷、丰富和个性化的学习体验。在商务英语教育领域，数字化教材的设计和应用可以帮助学生更好地掌握专业知识和语言技能，提高他们在商务环境中的沟通和应用能力。因此，深入理解数字化教材的概念和特点对高校商务英语教育水平的提升具有重要意义。

（二）数字化教材优势分析

数字化教材在高校教育中具有许多优势，这些优势使得它成为现代教育的重要组成部分，特别是在商务英语教育中优势更加显著。

1.教学资源丰富

数字化教材包括丰富的多媒体内容，如高清图像、音频和视频，这些资源能够更生动地呈现知识内容，有助于学生更深入地理解和记忆学习内容。举例而言，在商务英语教育中，包括商务会议的实际录音、商务演示的视频剪辑等，这些资源提供了真实情境下语言应用的机会。

数字化教材可以链接到在线文献和数据库，使学生能够轻松获取最新的商务英语研究资料和行业信息，从而更好地了解商业环境和商务英语的实际运用。

2.学习方式灵活

学生可以根据自己的时间和地点选择学习，无须受到传统课堂课程的时间和地点限制。这种灵活性对那些兼顾工作、家庭和学习的学生尤为重要。数字化教材常常具有智能化的学习路径设计，根据学生的知识水平、学习速度和兴趣，推荐适合的学习内容，提高了学习的效率和个性化。

3.教学互动性强

数字化教材通常包括在线讨论板块，学生可以与教师和其他同学进行交流和讨论，分享见解和答疑解惑，促进了学习社群的形成。

互动式练习和测验可以为学生提供即时反馈，帮助他们发现和纠正错误，更好地理解学习内容。

4. 易于更新迭代

数字化教材可以随时更新，以反映最新的商务英语发展和趋势。这对商务领域特别重要，因为商务环境常常变化迅速，需要及时的教育资源来反映这些变化。数字化教材的数据分析功能使教育者能够更好地了解学生的学习行为和表现，从而根据需要调整和改进教材，以提高教学质量。

总之，数字化教材的优势在于它们不仅可以提供丰富的多媒体资源和灵活的学习方式，还可以强调互动性和实时性的重要性，同时也允许不断改进和升级以适应不断变化的教育和商务环境。这些优势使数字化教材成为现代商务英语教育的重要工具，有助于培养学生在商业领域成功应用英语的能力。

二、商务英语数字化教材开发的必要性

在商务英语教学中，开发数字化教材十分必要。首先，数字化教材开发工作在智慧教育发展中扮演着至关重要的角色。我国正在积极构建网络强国、数字中国、智慧社会，这些都是数字化时代的重要发展目标。随着各种数字技术在教育领域的广泛应用，教育界对于智慧化转型和数字化建设产生了浓厚兴趣。如《"十四五"数字经济发展规划》和教育部"2022年工作要点"明确提出了推进智慧教育和教育数字化转型的任务。因此，数字化教材的开发成为实现高等教育创新的关键步骤，这不仅有助于提升教育的现代水平和智慧程度，还符合我国建设网络强国、数字中国、智慧社会的宏伟目标。

其次，数字化教材开发工作对推动教材出版行业的发展具有重要意义。随着互联网和新媒体的快速发展，社会大众，包括高校教师和学生，逐渐形成了与过去不同的信息获取和学习习惯。虽然传统纸质教材仍然是高等教育的重要组成部分，相对其他出版物，它们在数字时代受到的冲击相对较小。然而，这种情况正在迅速改变，因为数字化技术的广泛应用已经改变了人们对教育资源和学习方式的期望。与此同时，传统纸质教材存在一系列问题，包括同质性严重、难以满足不同学校和学科的需求以及更新维护的复杂性。不同层次的学校通常使用相似内容的教材，难以为教育个性化提供支持。此外，纸质教材的更新还需要经过较长的出版周期，导致教材内容难以及时反映学科和行业的最新发展动态，从而制约了教育工作的及时跟进和创新。数字化教材的开发与应用可以应对这些问题。它们可以通过整合互联网资源、多媒体素材和在线学习工具，为教材提供更多元化、实用性更强的内容。此外，数字化教材的更新和维护相对更加便捷，可以根据学科和行业的发展趋势迅速进行调整。因此，数字化教材开发工作为教材出版行业提供了突破发展困局的必要途径，有助于满足现代学习者的需求，提高教材的质量和实用性，促进教育资源的优化和创新。

最后，相对传统的纸质教材，数字化教材展现出了明显的优势：在资源量层面，数字化教材具有强大的共享性。数字化教材可以充分利用互联网上丰富的资源，包括在线文献、

开放式课程、教育应用程序等，作为教材内容的重要补充。同时，数字化教材可以整合优秀教学工作者的教学经验和案例，使教材内容更加丰富多样。这有助于提升高校教材的内容含量，增加教材的育人价值，满足学生不同层次的学习需求。在内容呈现方面，数字化教材拥有多元化的形式。无论是丰富的图片、生动的视频，还是沉浸式的虚拟现实（VR）和增强现实（AR）技术，都可以用来呈现教材内容。这使得教材更具吸引力，能够激发学生的兴趣，增强他们的学习动力。数字化教材的多样化内容呈现方式，也有助于更好地满足不同学习风格和学科的需求。数字化教材能够突破时间和空间的限制。学生可以随时随地访问数字化教材，不再受到传统教材只能在教室内使用的限制。这不仅有助于自主学习和弥补课堂教育的不足，还可以为学生提供更灵活的学习机会。此外，数字化教材还支持在线协作和互动，学生可以在不同地点之间进行协作学习，可以促进其合作精神和交流能力的培养。

三、商务英语教材数字化设计原则

（一）以学习需求为导向

数字化教材的设计应当以学习需求为导向，这是确保教材在不同学习阶段和目标人群中发挥最大效用的关键。首先，在初级阶段，教材应侧重提供基础知识的系统学习。这包括商务英语的基本词汇、语法、听力和口语技能等方面。通过系统性的知识传授，初学者可以建立坚实的语言基础，为后续的学习奠定坚实的基础。其次，在进入中高级阶段后，数字化教材的设计应该更加注重实际商务场景的模拟和实战项目的引入。这可以通过增加商务案例研究和实际项目模拟来实现。学生可以在虚拟商务环境中应用他们所学的知识和技能，从而更好地理解和掌握商务英语的实际运用。最后，针对不同专业的学习需求，数字化教材需要具有一定的灵活性，以适应不同领域的商务知识广度和适应性要求。

（二）融合多种互动手段

数字化教材应融合多种互动手段，以增强学习的参与度和互动性。除了提供静态教学资源，还可以通过在线论坛、聊天室等互动手段促进学习者之间的交流和合作。例如，学习者可以在多人在线环境中交换数据、讨论项目执行情况，从彼此的经验中学习。此外，学习小组内的合作任务和互相评价可以加强学习者之间的互动，提高学习效果。与企业导师进行定期的视频会议学习可以帮助学生更好地理解实际商务环境和要求。

（三）体现实用性与趣味性

数字化教材的设计应注重体现实用性和趣味性。这意味着教材内容应与真实商务场景相结合，以便学习者将所学的语言技能直接应用于实际工作中。情景设置、动画等多媒体元素的使用可以增加学习的乐趣和吸引力。例如，学生可以通过商务交流的虚拟现实场景进行身临其境的体验，从而更好地理解和掌握商务沟通技巧。此外，采用游戏化学习方法，如区块链金融游戏，可以使学习过程更具趣味性，激发学生的学习兴趣。同时，短视频微课可以以有趣的方式解决商务疑问，使学习内容更加生动和易于理解。

（四）便于学习评价与反馈

数字化平台具有数据收集和分析的能力，可以帮助教师和学生更好地了解学习进展和效果。在线练习和测试可以自动化评估学生的知识掌握程度，帮助教师及时调整教学策略。学习日志的分析可以揭示学生的学习成长趋势，帮助他们更好地规划学习路径。此外，学生可以在论坛上发布意见和反馈，为教材的不断更新和改进提供有价值的信息，从而使数字化教材能够与时俱进，更好地满足学习需求。

四、商务英语数字化教材内容设计策略

数字化商务英语教材的设计需要注重以下方面的考虑和策略。

（一）情景设计与案例导入

数字化商务英语教材可以通过情景设计和商务案例导入来提供沉浸式学习体验。这种方法可以将学习者置身于真实商业场景中，帮助他们更好地理解和应用商务英语。例如，可以创建酒店业签订合同的情境，让学习者体验合同谈判的过程。或者可以提供销售业药品推广案例，让学习者参与研讨和分析。这种情景和案例的导入可以使学习更具实际应用性和吸引力。

（二）个性学习路径设计

数字化商务英语教材应该支持个性化学习路径的设计。通过学习前的问卷调查和实时学习数据的分析，数字化商务英语教材可以根据学习者的需求和水平自动调整教材的结构与难易程度。学习者可以自主选择学习的知识点顺序、互动学习与自主学习的比例以及专题的深入程度。这种个性化学习路径设计可以更好地满足不同学习者的需求，提高学习效果。

（三）网络学习支持体系

数字化商务英语教材应该构建完善的在线学习支持体系。这包括建立在线学习社区，提供学习问答、资源共享等功能支持。学习者可以在社区中互相交流和讨论学习问题，从而获得更多的学习支持和帮助。此外，可以组织网络研讨会，培养学习网络，让学习者参与更广泛的学术和商务讨论。这种网络学习支持体系可以增强学习者的互动和合作能力。

（四）移动端学习应用

考虑到学习者的移动性，数字化商务英语教材应该设计移动端学习应用。这些应用可以提供优化过的界面和短内容，以适应学习者在碎片化时间进行学习的需求。例如，可以开发微课程，让学习者在地铁或乘坐其他交通工具等碎片化时间内进行学习。另外，还可以提供年会商务访谈或睡前商务常识等内容，让学习者随时随地进行学习。移动端学习应

用的设计可以提高学习的便捷性和灵活性，使学习更加容易融入学习者的生活和工作中。

五、商务英语数字化技术支持研发

（一）在线学习平台构建

数字化商务英语教材的成功实施离不开一个稳定、功能丰富的在线学习平台。这个平台不仅仅是一个内容承载的工具，更是学习者与教师互动、数据分析和反馈的关键环节。以下是在线学习平台构建的关键要点：

1. 内容管理系统

在线学习平台需要具备强大的内容管理系统，以便教师能够轻松上传、编辑和组织数字化教材的内容。这包括文字、图片、音频、视频等多媒体元素的管理。

2. 互动和协作工具

平台应提供论坛、聊天、协作文档等功能，以便学习者之间和学习者与教师之间可以进行有效的互动和合作。这有助于模拟实际商务沟通和合作的情境。

3. 学习数据分析

平台需要具备学习数据分析功能，以追踪学习者的进度、理解他们的学习习惯，并提供个性化建议。这有助于不断改进教材和教学方法。

4. 安全性和隐私保护

在线学习平台需要确保学习者的数据安全，并遵守隐私法规。这包括数据加密、用户身份验证等措施。

5. 移动友好性

考虑到学习者可能使用不同设备，平台应具备移动友好性，以便学习者可以随时随地访问教材和互动工具。

6. 技术支持和培训

平台需要提供技术支持，以解决学习者和教师在使用过程中遇到的问题。此外，培训教师和学习者如何有效使用平台也是重要的。

在线学习平台的构建是数字化商务英语教材成功实施的关键环节，它能够提供强大的技术支持，使教材更具互动性、个性化和实用性，从而提升学习者的学习体验和成果。

（二）微课程制作技术

微课程制作技术是数字化商务英语教材中不可或缺的一部分，它可以使教材更具灵活性、可视化和易于消化。以下是微课程制作技术的关键要点：

1. 多媒体内容制作

微课程应包括丰富的多媒体元素，如短视频、音频剪辑、动画等，以提供生动的学习体验。这些内容应与商务英语的教学目标紧密相关。

2. 时长控制

微课程通常较短，因此需要精炼内容，确保在短时间内传递关键信息。时长通常在 5~15 分钟之间，以保持学习者的专注度。

3. 互动元素

微课程可以包括各种互动元素，如小测验、问题解答、讨论等，以促进学习者的积极参与和思考。

4. 自适应设计

微课程应具备自适应设计功能，以根据学习者的需求和进度提供个性化的学习路径。这有助于满足不同学习者的需求。

5. 易于分享和集成

微课程应易于分享到在线学习平台，同时也应支持在其他课程或学习资源中集成使用。

6. 可访问性

制作微课程时应考虑可访问性，以确保各种学习者，包括有特殊需求的学习者，都能够顺利学习。

微课程制作技术的发展使得数字化商务英语教材更具吸引力和效果。微课为学习者提供了更多的灵活性和便利性，能够随时随地学习商务英语，从而提高他们的学习动力和成效。同时，微课程也为教师提供了更多的教学工具，帮助他们更好地定制教材和课程，以满足学习者的需求。

（三）版权问题

在数字化商务英语教材的开发过程中，涉及版权问题是至关重要的。以下是在处理版权问题时需要考虑的关键要点：

1. 版权获取

开发数字化商务英语教材时，需要确保所使用的文字、图片、音频、视频等内容都具有合法的版权。这可以通过购买版权、获得许可或使用开放许可证内容来实现。版权的合法获取对避免法律问题至关重要。

2. 合规使用

一旦获得了版权，开发者就需要严格遵守版权持有人的使用规定。这包括确保使用内容的方式、范围和期限都符合版权合同的要求。

3. 知识产权保护

开发者应该保护自己创建的数字化教材的知识产权。这可以通过注册专利、商标或版权来实现，以防止他人未经授权复制或使用。

4. 引用和引用权

在数字化商务英语教材中，可能需要引用其他作品或内容。在这种情况下，需要遵守引用权的规定，通常需要获得相应的许可并标明引用来源。

5.学生作品版权

如果学生参与数字化教材的创作，需要明确他们的版权归属。通常情况下，使用学生创作的内容应该获得他们的同意，并确保他们在教材中的贡献得到认可。

处理版权问题是数字化商务英语教材开发的关键环节之一，合法获取和使用版权是确保教材合规性和质量的重要步骤。遵守版权法律和规定不仅是法律义务，也有助于建立诚信和可持续的数字教育环境。

（四）安全性与后期维护

数据安全在数字教材中具有特殊重要性。这些教材可能包含学生和教师的个人数据，如学习记录和成绩等。因此，必须采取强有力的安全措施，如数据加密和访问控制等，以确保这些敏感信息不被未经授权访问或泄露。此外，定期的安全审查以及及时发现和纠正潜在的安全风险是维护数据安全的必要步骤。

对数字化教材来说，学习者应该在任何时间都能够访问教材内容，因此在线平台或应用程序必须具有高可用性和稳定性。这需要定期做系统监测和维护，以防止系统故障和意外中断，从而保证学习者能够无缝地学习。同时，要定期备份教材和相关数据，以及建立有效的灾难恢复计划，可以最大限度地减少潜在的教材丢失或不可用的风险，确保学习者和教师的相关体验不受影响。

第二节 自适应学习系统在高校商务英语教学中的应用

随着信息技术的快速发展，自适应学习系统在教育领域的应用日益受到关注。自适应学习系统是一种能够根据学生的学习需求和能力水平进行个性化调整的教育工具，它为商务英语教学提供了全新的可能。本节将探讨自适应学习系统在高校商务英语教学中的应用。

一、自适应学习与自适应学习系统

（一）自适应学习的概念

自适应学习是指根据学习者的特点、需求和学习进展，针对个体差异提供个性化的学习支持和资源的学习过程。它强调学习的个体化和灵活性，使学习者能够根据自身的兴趣、学习风格和学习目标，以最有效的方式获取知识和技能。

（二）自适应学习系统的构成要素

自适应学习系统的构成要素包括以下几个方面：

1.学习者模型

学习者模型是自适应学习系统的核心，它通过收集和分析学习者的个人信息、学习历史、兴趣爱好等数据，以建立对学习者的个性化描述。学习者模型可以包括学习者的认知特征、学习风格、兴趣偏好、知识水平等。

2. 环境感知和诊断

自适应学习系统需要实时感知学习环境中的变化，包括学习资源的可用性、学习任务的难度、学习者的进展等。通过环境感知和诊断，系统能够根据不同的学习情境和需求，进行相应的个性化调整和支持。

3. 学习资源和内容

自适应学习系统需要提供丰富多样的学习资源和内容，以满足学习者的个性化需求。这些资源可以包括教材、课件、多媒体资料、在线课程等。系统需要根据学习者的特点和学习目标，选择和推荐最合适的学习资源和内容。

4. 个性化学习支持

自适应学习系统应该提供个性化的学习支持和辅助功能，如学习进度跟踪、学习建议、反馈和评估等。这些支持可以根据学习者的需要和学习情况进行调整，帮助学习者更好地理解和掌握知识。

（三）自适应学习系统的特点

自适应学习系统在高校商务英语教学中的应用具有一系列显著特点，这些特点共同促使其成为一种强大的教育工具。首先，自适应学习系统的个性化定制特点使其能够根据每位学习者的独特需求和学习风格，提供定制化的学习内容和支持。这意味着学生可以根据自己的学习进度、兴趣和目标，在一个灵活的框架内选择适合自己的学习路径和资源。这种个性化定制有助于激发学习者的兴趣，提高学习动力，以及更好地满足他们的学习需求。

其次，自适应学习系统具备弹性和灵活性，能够适应学习者的变化和环境的变化。学习者可以根据自己的时间安排和学习进度，自由选择学习的内容和方式，而不受传统教室时间和地点的限制。这种灵活性使学习变得更加便捷和适应性强，适用各种学习场景，无论是课堂内还是课堂外。

再次，自适应学习系统能够实时提供学习者的反馈和评估，帮助他们了解自己的学习进展和问题所在。通过及时的反馈，学习者可以更好地调整学习策略和行为，以提高学习效果。系统可以根据学习者的反馈和评估结果，及时调整学习支持和资源，使学习者能够更好地应对挑战和困难。

最后，自适应学习系统具备持续改进和优化的能力。通过收集和分析学习者的数据和反馈，系统可以不断改进和优化学习资源和支持。这种持续改进有助于提供更加精准个性化的学习体验和支持，以提高学习效果和满足学习者的需求。因此，自适应学习系统在高校商务英语教学中的应用，能够为学生提供更加有效和个性化的学习体验，有助于他们更好地掌握商务英语技能。

二、自适应学习系统的理论基础

自适应学习系统的设计和实现依赖于多个理论基础，其中包括认知负荷理论、建构主义学习理论等。这些理论提供了指导和支持，帮助系统更好地理解学习者的需求和行为，以及有效地提供个性化的学习支持。

（一）认知负荷理论

认知负荷理论由美国教育心理学家约翰·斯韦勒于 1988 年提出，是关于人类工作记忆的一个重要理论。该理论基本假设是工作记忆的容量是有限的，学习者在学习时会受到不同类型的认知负荷的影响。

认知负荷可以分为内生负荷、外生负荷和相关负荷三种类型。内生负荷是指来自学习任务的固有难度，外生负荷是指来自学习任务呈现方式的额外负荷，而相关负荷是指对学习任务意义理解形成的负荷。该理论指出，学习效果不仅与任务本身的难易程度有关，也与信息呈现方式及内容相关性有关。在教学设计中，应减少外生负荷，管理好相关负荷，以降低总体认知负荷，使有效负荷适中，以提高学习效果。

斯韦勒认为，学习者的认知资源是有限的，当学习任务超过学习者的认知负荷能力时，学习效果就会受到影响。自适应学习系统可以根据学习者的认知负荷情况，调整学习资源的呈现方式和难度，以降低认知负荷，提高学习效果。

（二）建构主义学习理论

建构主义学习理论强调学习者通过主动建构知识和理解来构建新知识的过程。它强调学习的社会交互和合作，以及学习者的先前知识和经验对新知识的构建与理解的重要性。自适应学习系统可以根据学习者的先前知识和学习风格，提供个性化的学习资源和支持，促进学习者的主动参与和知识建构。

（三）自适应学习系统的技术实现：

教育部和国务院于 2018 年和 2019 年相继发布《教育信息化 2.0 行动计划》和《中国教育现代化 2035》，这两份文件体现了我国对信息技术与教育深度融合的高度重视。大数据、人工智能等新一代信息技术的快速发展，为教育领域带来了新的机遇。这些前沿技术的应用，正在深刻改变传统的教与学模式。自适应学习系统正是借助了人工智能和机器学习、学习分析和大数据等多种的技术手段才得以实现。

1. 人工智能和机器学习

人工智能和机器学习技术在自适应学习系统中扮演着重要角色，它们使系统能够根据学习者的数据和行为进行智能分析和个性化支持。

自适应学习系统通过收集和分析学习者的各种数据，如学习行为、学习历史、偏好和能力评估等，可以建立学习者模型。学习者模型是一个关于学习者特点和需求的抽象表示，它可以包括学习者的学习风格、知识水平、兴趣爱好等信息。通过机器学习算法对这些数据进行处理和训练，系统可以从中提取有用的模式和规律，进而识别学习者的特点和需求。

一种常用的机器学习技术是监督学习，它利用已有的标记样本数据来训练模型，并通过预测和分类来推断学习者的特征和需求。例如，系统可以根据学习者的答题记录和正确率，训练一个模型来预测学习者在不同知识领域的掌握程度，继而提供相应的教学资源和反馈。

另一种常用的机器学习技术是无监督学习，它通过对未标记数据进行聚类和模式识别，寻找数据中的内在结构和规律。在自适应学习系统中，无监督学习可以帮助系统发现学习者之间的相似性和差异性，即为不同类型的学习者提供个性化的学习支持和资源推荐。

除了监督学习和无监督学习，还有其他机器学习技术，如强化学习、深度学习等，它们都可以在自适应学习系统中发挥作用。这些技术的共同目标是通过对学习者数据的学习和分析，不断优化系统的个性化推荐和决策能力，提供更加精准和有效的学习支持。

2.学习分析和大数据

学习分析是指对学习者的数据进行系统性的分析和解释，以了解学习者的学习过程、行为和成果。通过学习分析，系统可以获取学习者的学习轨迹、学习时间、学习行为模式等信息，从而揭示学习者的学习习惯和学习策略。例如，系统可以分析学习者的学习时间分布，了解他们在何时和何地进行学习，以便提供相应的学习资源和支持。

大数据技术则用于处理大规模的学习数据，这些数据包括学习者的行为记录、答题结果、评估成绩等。通过大数据技术，系统可以从海量的学习数据中挖掘潜在的学习模式和规律，为学习者提供更准确和个性化的学习支持。例如，系统可以通过数据分析找到学习者之间的相似性和差异性，以及他们在不同知识领域的强项和薄弱点，从而为每个学习者提供特定的学习资源和推荐内容。

学习分析和大数据技术的应用还包括学习者评估和学习效果分析。系统可以通过分析学习者的行为和成果，评估他们的学习进展和掌握程度。例如，系统可以根据学习者的答题情况和学习轨迹，评估他们在某个知识领域的理解程度和应用能力，并基于评估结果提供相应的个性化反馈和支持。

三、自适应学习系统在商务英语教学中的设计

自适应学习系统在商务英语教学中的设计需要遵循一些关键原则，以确保系统能够实现个性化的学习支持和优化学习体验。

（一）自适应学习系统的设计原则

1.个性化原则

系统应根据学习者的需求和特点，提供个性化的学习路径和资源。这包括学习者的学习风格、水平、兴趣和目标等方面的个性化。

2.反馈原则

系统应提供及时和有针对性的反馈,帮助学习者了解自己的学习进展和问题所在。反馈可以包括学习者的学习成绩、行为表现和认知负荷等方面的信息。

3.弹性原则

系统应具备较高的弹性和灵活性,允许学习者自由选择学习的时间、地点和方式。这有助于满足不同学习者的需求。

4.数据驱动原则

系统应基于学习者的数据和行为,进行智能分析和决策。这可以帮助系统不断改进和优化学习资源和支持。

(二)商务英语课程与自适应系统的整合

商务英语课程应与自适应系统紧密整合,以实现最佳的学习效果。整合的关键包括:

第一,确保课程目标和自适应系统目标的一致性。商务英语课程的教学目标和自适应系统的学习目标应该保持一致,以确保学习者在系统中获得与课程一致的支持和指导。

第二,商务英语课程的内容应与自适应系统的学习资源相对应。系统可以根据课程内容,提供相关的学习材料、练习和活动。

第三,确保教师和系统的协同作用。教师和自适应系统应密切合作,共同监督学习者的进展和需求。教师可以根据系统提供的数据,调整课程和支持。

(三)学习资源的个性化匹配

个性化匹配学习资源的关键在于为每位学习者创造一个独特的学习路径,使他们能够根据自己的需求和目标进行学习。这不仅可以提高学习者的积极性和满意度,还可以提升他们的学习效果,使他们更好地应对商务英语学习中的挑战。

首先,自适应学习系统可以根据学习者的兴趣和需求,从庞大的学习资源库中智能地筛选和推荐适合的学习材料。例如,如果一个学习者对国际市场营销感兴趣,系统可以推荐相关的学习资源,如市场营销案例研究、最新的市场趋势分析或者市场营销策略的视频讲座。

其次,自适应学习系统应该提供多样性的学习材料,以适应不同学习者的需求。这包括文本、音频、视频、互动模拟、虚拟实验等多种形式的材料。学习者可以根据自己的学习风格和喜好选择适合他们的材料。

再次,系统应该根据学习者的当前水平和学习目标,为他们提供不同难度和类型的练习与评估任务。一位学习者可能需要基础的商务英语词汇练习,而另一位可能已经具备高级的口语能力,需要更具挑战性的任务,如模拟商务谈判或跨文化交际。

最后,系统应该考虑学习者的反馈和表现数据。通过分析学习者的答题情况、进步速度以及所选学习材料的反馈,系统可以不断调整和改进资源的匹配。例如,如果一个学习者在某一类型的任务中表现出色，系统可以推荐更多类似的任务。

学习资源的库应该是动态的，随着新材料和信息的涌现而不断更新。这可以确保学习者始终可以访问最新、最相关的学习资源，以适应不断变化的商务英语领域。

（四）自适应学习系统的技术支持与平台选择

在商务英语教学中，自适应学习系统的成功应用离不开稳定的技术支持和适当的平台选择。

1. 技术支持团队

首先，建立专业的技术支持团队是确保自适应学习系统顺利运行的关键。这个团队应该由技术专家组成，他们能够监测系统的性能，解决技术问题，并确保学习者和教师在使用系统时不会遇到障碍。技术支持团队的任务包括但不限于：

①确保系统的正常运行，包括服务器和数据库的维护；

②监测学习者的登录和使用情况，以及系统的性能数据，以及问题排查和解决；

③提供学习者和教师的技术支持，解答他们在使用系统时遇到的问题；

④协助系统的更新和升级，以适应不断变化的技术要求和学习者需求。

2. 平台的选择

自适应学习系统需要在一个可靠和稳定的学习平台上运行，以确保学习者能够顺利访问学习资源和工具。选择平台时需要考虑以下因素：

①稳定性和可扩展性：所选平台应该具有稳定的性能，能够承受大量用户的同时访问，而不会导致系统崩溃或变慢。此外，它还应该是可扩展的，以适应未来用户数量的增加。

②安全性：由于商务英语教学可能涉及前沿信息，平台应提供高水平的安全性，以确保学习者和教师的数据不会受到威胁或泄露。

③功能支持：平台应该支持自适应学习系统的所有功能和需求，包括学习资源的存储和管理、学习者数据的跟踪和分析、个性化推荐等。

④易用性：平台的界面和功能应该容易理解和使用，以便学习者和教师能够充分利用自适应学习系统。

成本效益：平台的选择还应考虑成本因素，以确保在预算范围内获得最佳性能。

3. 常见的自适应学习平台

常见的国外自适应学习平台有：

Coursera：美国大型公开在线平台，支持各种主题的在线课程和自适应测试。

Khan Academy：美国以视频为主的在线学习平台（可汗学院），内容丰富多样并支持个性化学习路径。

Udacity：美国硅谷前沿技术平台，提供实战项目课程，采集学习数据进行个性化推荐和难易程度自动调整。

Calcampus：美国加州大学系统自行开发的自适应学习系统，内容覆盖多学科。

Smart Sparrow：专注自适应技术的澳大利亚学习平台，学习效果获比较好反馈。

以上平台都提供开放应用程序接口（API），方便第三方系统对接接口实现个性化功能。

随着科学技术的不断发展，国内自适应学习平台日趋成熟，常见的有：

学而思：学而思旗下拥有多种在线课程，支持视频学习和个性化测试。

NetEase Cloud Classroom：网易开发的在线教育平台，内容丰富且支持自适应学习。

知识星：知识星是南京大学 subsidairy 创办的自适应学习软件公司。

Tencent Classroom：腾讯开发面向中小学生的在线学习平台，支持自适应路径。

第三节　基于虚拟现实与增强现实的高校商务英语教学

在当今数字化时代，虚拟现实和增强现实技术已经成为教育领域的一项重要创新。这些技术为商务英语教学提供了新的可能性和机会，可以将学生带入更为沉浸式和互动性的学习环境中。本节将探讨 VR 和 AR 技术在高校商务英语教学中的应用，旨在提供一种更具吸引力和有效性的教育体验。

一、虚拟现实和增强现实的概念和基本原理

（一）虚拟现实的定义和特点

虚拟现实（Virtual Reality，VR）是一种引人入胜的计算机技术，旨在通过模拟现实世界的环境、场景和互动，创造一种沉浸式的虚拟体验。在 VR 中，用户通常使用特殊的硬件设备，如头戴式显示器和手柄，来进入虚拟环境并与其中的物体和角色进行互动。以下是虚拟现实的主要特点：

1.沉浸性

虚拟现实旨在提供高度沉浸式的体验，使用户完全投入虚拟环境中。这种沉浸感常常让用户忘记自己身处于现实世界中，而感觉好像置身于虚拟世界中的场景。

2.封闭性

在虚拟现实中，用户的感官通常被隔离，以减少或排除现实世界的干扰。通常，用户会头戴显示器，这个设备将视觉和听觉感官完全包围，使用户无法感知现实世界的外部环境。

3.交互性

虚拟现实技术允许用户与虚拟环境中的物体和角色进行实时互动。用户可以使用手柄、手势识别、身体动作等方式来探索虚拟世界，触摸、抓取、移动物体，或与虚拟角色进行对话和互动。

4.完全虚构

虚拟现实通常是一个完全虚构的世界，不受现实世界的限制。这意味着虚拟环境可以是科幻、奇幻、历史或任何其他类型的虚构场景，用户可以在其中体验各种不同的情境和冒险。

总之，虚拟现实是一种强调沉浸性、封闭性、交互性和虚构性的技术，它提供了一种全新的体验方式，使用户能够身临其境地探索虚拟世界。这种技术在娱乐、教育、培训、医疗等领域都有广泛的应用，为用户带来了前所未有的感官和情感体验。

（二）增强现实的定义和特点

增强现实（Augmented Reality，AR）是一种计算机技术，旨在通过在现实世界中叠加虚拟元素、数字信息和三维模型，提供对现实世界的增强视觉、听觉或感知体验。AR技术可以将虚拟元素与用户的实际环境相结合，以创造出一种虚实结合的交互体验。AR技术的特点有：

1.叠加性

AR技术的核心特点是叠加虚拟元素在现实世界之上，使用户可以同时看到与感知现实世界和虚拟元素。这种叠加性质使AR成为一种增强的、交互式的体验。

2.现实世界感知

与虚拟现实不同，AR用户仍然可以感知和互动现实世界。用户可以看到周围的环境、物体和人们，并在这个基础上与虚拟元素进行互动。

3.实用性

AR技术通常用于增强用户的日常经验，提供有关物体、地点或场景的信息。它可以为用户提供实用的数据、导航信息、商品识别、虚拟试衣等实际应用。

4.多种设备

AR可以通过多种设备来实现，包括智能手机、智能眼镜、平板电脑和头戴式显示器等。这种多样性使AR技术更易于普及和使用。

5.实时互动

AR技术允许用户在现实世界中进行实时互动，可以在屏幕上观察虚拟元素的行为，并与它们进行互动，如点击、拖动或放置虚拟物体等。

AR技术在多个领域有广泛的应用，包括娱乐、教育、医疗、军事、工业和零售等。它可以用于虚拟游戏、实时导航、医疗诊断、维修指导和虚拟购物等方面。

（三）VR技术和AR技术之间的区别和相似之处

虚拟现实和增强现实是两种不同的技术，分别提供不同类型的体验和应用。虚拟现实通过完全沉浸用户在虚拟环境中，而增强现实通过将虚拟元素叠加到现实世界中来丰富用户的感知。它们各自在各种领域中都有广泛的用途，但其工作原理和使用场景有很大的不同，具体请看下表。

表 7-1 VR 技术和 AR 技术的区别与相似之处

项目	领域	VR 技术	AR 技术
区别	沉浸度	高度沉浸感，用户完全沉浸在虚拟环境中，通常无法看到现实世界	保持与现实世界的连接，用户可以看到和感知到周围的真实环境
	设备	需要专用的头戴式显示器或虚拟现实眼镜，以实现完全沉浸的体验	可以在智能手机、平板电脑、智能眼镜等设备上运行，不需要特殊的头戴式设备
	应用领域	常用于虚拟游戏、模拟培训、医疗治疗、虚拟旅游等领域，其中用户需要与虚拟环境互动	在教育、医疗保健、军事、工业维修和导航等领域中得到广泛应用，用于提供信息、指导和协助用户完成任务
相似之处	数字叠加	VR 和 AR 都涉及数字内容的叠加或嵌入，以丰富用户的感知体验	
	视觉技术	VR 和 AR 都依赖高级的视觉技术，如计算机视觉、虚拟场景渲染和空间追踪，以实现其功能	
	互动性	在 VR 和 AR 中，用户通常可以与虚拟元素进行互动。在 VR 中，这可能涉及手势、控制器或体感设备，而在 AR 中，通常使用触摸屏、手势识别或语音控制等方式。	

二、虚拟现实和增强现实技术在商务英语教学中的应用优势

虚拟现实和增强现实技术为商务英语教学带来了许多优势，下面进行详细阐述：

（一）还原真实商务环境，弥补语言环境短板

正如前文介绍的那样，VR 和 AR 技术可以创建沉浸式虚拟商务环境，学生可以在这些环境中亲身体验真实的商务情境，如商务会议、谈判、展览会等。这种体验能够帮助学生更好地理解商务场景和用语，并提高他们的情境感知能力。

学生通常面临来自教室教学的语言输入受限问题。VR 和 AR 技术可以为学生提供更多真实的语言输入，使他们能够接触到商务英语中不同方言、口音和语境，从而更好地适应真实商务环境。同时，学生可以使用 VR 和 AR 技术与虚拟商务伙伴进行模拟商务交际，如电话会议、面谈等。这种练习有助于提高学生的交际技巧，包括礼仪、沟通技巧和商务用语的运用。

在商务英语教学中，教师还可以使用 VR 和 AR 创建基于实际商务案例的虚拟情境，使学生能够深入分析和解决商务问题。这有助于培养学生的商业思维和解决问题的能力。

（二）锻炼学生的语言应用能力和应变能力

通过实时反馈，教育者可以指导学生在商务场景中的语言运用，帮助他们更快地改进口语和书面表达，这对提高学生的语言能力至关重要。商务环境常常充满不确定性，首先，通过模拟商务情境中的不同挑战，学生可以在虚拟环境中锻炼应变能力，这对他们在真实商务环境中应对各种情况非常有帮助。其次，这些技术还能够实现个性化学习，根据学生的需求提供定制的学习体验，帮助他们集中精力提高在商务英语中的薄弱环节。最后，VR 和 AR 还可以模拟跨文化交际，帮助学生理解和尊重不同文化的差异，提高他们的跨文

化沟通能力，这在全球化商务环境中至关重要。

（三）丰富多样的学习形式，提升学习动机和参与度

传统的课堂教学可能显得单一和乏味，而 VR 和 AR 可以为学生提供更有趣、互动性更强的学习体验。例如，学生可以通过 AR 应用在虚拟商务场景中与物体互动，或者通过 VR 沉浸式体验模拟商务谈判，这些活动可以激发学生的兴趣，增强他们的学习动力。此外，这些技术还可以增加学习的娱乐性，使学生更积极地参与到学习过程中。

（四）实现个体化和差异化的学习体验

每个学生的学习需求和速度都有所不同，传统教学难以满足这些差异化的需求。采用虚拟现实和增强现实技术可以根据学生的水平、学习风格和目标提供定制的学习体验。教育者可以调整虚拟环境的难度和内容，以满足不同学生的需求，从而更好地支持他们的学习。这种个体化的学习体验有助于提高学生的学习效果，使每个学生都能够在自己的学习节奏中取得进步。

三、基于虚拟技术的商务英语教学模式构建

在虚拟现实技术的支持下，教师可以创建虚拟商务场景，并让学生置身于这些场景中。通过视觉、听觉和触觉等感官刺激，学生可以感受到商务环境的真实性，增强他们的参与度和沉浸感。基于虚拟技术的商务英语教学模式可以通过以下步骤进行构建：

（一）教师创设与教学内容相关的虚拟现实场景

教师在这一阶段运用 VR 技术，根据商务英语教学内容创设虚拟现实场景。这些场景可以是虚拟商务会议室、国际贸易展览馆、全球办事处等，与商务英语相关。使用 VR 头戴设备或 VR 眼镜，学生可以沉浸式地进入这些虚拟场景中。

（二）学生在虚拟现实场景中构建知识

一旦虚拟现实场景创建完成，学生就可以在其中进行学习和互动。他们可以与虚拟商务伙伴互动，扮演不同的商务角色，如销售经理、市场分析师等。在虚拟环境中，学生需要运用商务英语知识进行对话、协商、提案等活动。这种互动能够帮助学生将理论知识转化为实际应用技能，同时提高他们的沟通和协作能力。

（三）将商务英语知识的构建向实际应用发展

最后一个阶段是将学生在虚拟现实场景中构建的知识应用到实际商务情境中。教育者可以设计任务和项目，要求学生在现实世界中模拟商务活动，如组织商务会议、制定市场战略、编写商务计划等。学生可以将他们在虚拟环境中获得的经验和技能转化为实际工作中的实际应用，同时更深入地理解商务英语的实用性和重要性。

综上所述，基于虚拟现实技术的高校商务英语教学通过虚拟现实场景的创设，使学生能够在沉浸式的环境中构建知识。随后，他们将这些知识应用于实际商务情境，培养了实

际问题解决、沟通和协作等关键技能。这种教学方法不仅可以提高学习动机和参与度，还可以为学生提供更好地准备自己在商务领域取得成功的机会。与此同时，教育者可以更好地满足学生的个性化学习需求，确保他们在商务英语教育中取得优异成绩。

四、增强现实技术在商务英语教学中的应用

增强现实技术在商务英语教学中有许多应用，可以提供更具互动性和沉浸感的学习体验，帮助学生提高语言和商务技能。以下是一些增强现实技术在商务英语教学中的应用示例：

（一）虚拟商务会议

通过 AR 技术，学生可以参与虚拟商务会议的模拟，与虚拟人物进行交流和商务谈判。这种情境模拟可以帮助学生练习商务英语口语和提高应对实际商务场景的能力。

（二）商品展示和广告

使用 AR 应用程序，学生可以扫描商务杂志、海报或产品包装上的图像，以观看虚拟的商品展示和广告视频。这种互动体验可以帮助学生在商务英语课堂中了解不同产品和广告策略，并增加他们的商务词汇量和提高其理解能力。

（三）实地考察与导航

AR 应用程序可以提供实地考察和导航功能，将学生带到商务地点，如国际展览会、商务中心或跨国公司总部。学生可以通过 AR 技术在实际环境中获取相关信息，学习商务场景下的英语交流和文化礼仪。

（四）虚拟商务文档和报告

学生可以使用 AR 技术创建虚拟商务文档和报告，通过扫描课本、幻灯片或纸质文件，将虚拟内容叠加在实际材料上。这种互动方式可以帮助学生更好地理解商务英语文档和报告的结构，提高他们的写作和演示技巧。

（五）跨文化交流培训

AR 应用程序可以模拟跨文化交流场景，帮助学生了解不同商务文化之间的差异。学生可以通过与虚拟角色的互动，学习适应不同文化背景下的商务沟通和合作技巧。

总之，通过增强现实技术，商务英语教学可以更加生动有趣，并提供更贴近实际商务环境的学习体验。这种互动性和沉浸感可以增强学生的参与度和学习动机，帮助他们更好地掌握商务英语技能，并在未来的商业领域中更具竞争力。

第四节　高校商务英语多模态教学模式研究

在当今迅猛发展的科技时代，计算机、多媒体设备以及其他新兴的传媒技术已经深刻地改变了人们的交流方式。人们的沟通不再局限于单一的文字表达，而是融合了声音、视觉、图像、媒体和设计等多种符号资源，构建了丰富多彩、协同互动的信息传递途径，这就是所谓的"多模态"。多模态理论的广泛应用，使教育领域不再依赖于单一的语言（文字）来进行知识传授，而是创造了多种教学方法和模式相融合的多模态教育体系。这一变革不仅拓展了教学的可能性，也为学习者提供了更加丰富、深入的学习体验。

一、多模态教学概述

多模态教学理论源自对多模态话语研究的探索，它汇聚了批评话语分析、系统功能语法、社会符号学等多个学科领域的研究成果，构建了一种关于交流和认知的理论框架。在信息时代的背景下，传统的单一模态交流方式已经难以满足现代社会复杂交际的需求。相反，多模态性已经成为当代交流的重要特征，涵盖了语言、图像、声音、动作等多种符号资源的使用。

在今天的教育领域，学习者不再被局限于仅仅依赖于书面文字或口头语言的传递方式。相反，他们可以通过多种媒体和符号资源，如图像、声音、视频、互动等，获得更加丰富和深入的学习体验。这种多模态的教学方法有助于提高学习的吸收和理解力，使教育更具互动性和趣味性，也更贴近现实生活中的多层次交流方式。因此，多模态教学理论在现代教育中扮演着重要的角色，为学习者提供了更具创新性和全面性的教育体验。

（一）模态的概念

什么是模态？简单来说，"模态"（modality）通常指的是一种传递信息或表达思想的方式或手段。这个概念广泛应用于多个领域，包括语言学、交际学、教育学和认知科学等。

在语言学中，模态通常涉及动词和其他语法元素，用来表示说话者的态度、情感、目的、可能性、义务等。

在交际学中，模态可以指通过语音、文字、图像、动作等多种方式进行信息传递和沟通的方式。例如，口头语言、书面语言、手势、面部表情、图表、图片、视频等都可以被视为不同的交际模态。

在认知领域，模态指的是生命体（如人类、动物）利用各种感知器官，如眼、耳、鼻、舌、皮肤等，与外部环境（包括其他生命体、物体、机器等）进行互动、传递信息、感知和认知世界的方式或模式。这里的感知器官被称为媒体，而与其相对应的视觉、听觉、触觉、嗅觉、味觉等感官则构成了不同的模态。模态的存在与运用都与特定的媒体密切相关，因为媒体是将抽象的模态具体化、实际化的具体手段和物质形式，它们帮助生命体通过感知器官获取信息、交流和理解世界。

在交流和认知过程中，不同的模态允许人们通过不同的感知方式来获取信息。例如，我们可以通过视觉模态来看到周围的事物，通过听觉模态来聆听声音，通过触觉模态来感知物体的触感，通过嗅觉和味觉模态来识别气味和味道。这些感知模式共同构成人类对世界的全面认知，使人类能够更好地理解和与外部环境互动。因此，模态不仅仅是一种信息传递方式，还是我们感知和理解世界的重要方式之一。

（二）多模态理论的起源与发展

多模态理论的起源和发展可以追溯到二十世纪九十年代，当时兴起了话语分析理论，该理论强调语言不仅仅是一种书面或口头的交流方式，还包括了其他多种符号资源的使用，如图像、声音、动作等。多模态理论通过研究不同模态之间的互动和协同作用，探讨了信息的交流和意义的建构方式。

最早关于多模态的研究成果之一可以追溯到 1977 年，法国文化批评家罗兰·巴尔特的论文《图像的修辞》，他从表达意义的角度探讨了图像与语言的相互作用，尽管当时多模态话语分析的研究还未成体系，但这篇论文可以被视为多模态研究的萌芽。

1996 年，新伦敦小组（New London Group）成员在其著名的研究论文《多元读写：社会语境中的认知与识字》中提出了多元读写教育理论，强调语言和文字不再是唯一的交流方式，而是与其他符号资源（如图像、声音、动作等）结合使用的一部分。他们主张在教育中采用多模态的教学方法，以更好地满足现代社会的需求，培养学生多元的读写能力。这一理论框架随后演化为现代多模态教学理论，将多模态理论引入语言教育领域。

在多媒体技术、语言工程研究和语料库的发展下，多模态研究得以进一步拓展和深化。一些学者和研究团队，如古恩特·克雷斯和西奥·范·李温，提出了关于模态和媒体之间的关系以及多模态认知理论的理论。他们的研究成果包括多模态话语分析的方法和模型，以及如何利用多种模态来进行有规则的意义表达等问题。

在我国，近年来也有一些专家和学者开始对多模态理论进行深入研究。一些代表人物包括顾曰国、胡壮麟、朱永生、张德禄等。他们的研究主要集中在多模态教学的理论基础和实践应用上。例如，胡壮麟强调，人类交际已经进入多模态化时代，强调培养学生多模态识读能力的重要性。张德禄则提出，多模态话语分析体系，并将其运用到外语理论教学和实训课程中。这些研究成果丰富了多模态理论，为外语教学模式的创新和改革提供了理论支持。虽然国内多模态理论研究尚不成熟，但在不断积累和完善中，多模态教学理论有望在未来的语言教育中发挥更大的作用。

二、多模态理论在商务英语教学中运用的理论依据

多模态商务英语教学理论基于认知和社会文化理论,为商务英语教学提供了坚实的理论支持。

认知心理学关注人类思维和学习过程,多模态商务英语教学充分借鉴了认知心理学的原理,多模态教学理论强调新信息输入可以激活大脑的认知元。在商务英语教学中,这意味着通过多种感官输入,如听觉、视觉、触觉等,学生更容易吸收和处理信息。例如,教师可以使用多媒体教材,包括文字、图片、音频和视频,以提供多样化的输入。多模态教学通过多感官体验和联想,帮助学生将新知识与已有知识联系起来。这有助于深化学习,因为学生可以将商务英语概念与实际情境相联系,可以提高信息的可记忆性和理解度。多模态教学可以使学习更加生动、有趣,从而提高学习效率。学生更容易专注并保持积极的学习态度,因为他们可以在多种感官层面上参与学习过程。

社会文化理论强调学习是社会互动的产物,教育过程受到文化和社会环境的影响。商务英语教学不仅仅是语言教学,还涉及商务文化的传递。社会文化理论鼓励教师将学习与学生的文化背景相结合,以使学习更具意义。通过多模态教学,教师可以引入不同文化背景的商务场景,帮助学生理解不同文化之间的商务交往方式。社会文化理论强调合作学习和社交互动对知识构建的重要性。多模态商务英语教学可以通过小组活动、讨论和角色扮演等方式促进学生之间的合作和互动,让他们在真实情境中练习商务交际技能。教育应该培养学生的文化敏感性,使他们能够在跨文化环境中成功沟通。多模态商务英语教学可以通过展示不同文化背景下的商务实践和交流方式,帮助学生理解和尊重多样性,并提高跨文化交际的能力。

总的来说,多模态商务英语教学理论在认知和社会文化理论的基础上,以多感官体验和情感互动为特点,为商务英语教学提供了更加有效和全面的教学模式。它不仅有助于学生更深入地理解商务英语知识,还可以培养学生的跨文化交际和情感素质。

三、商务英语课程多模态教学的必要性

(一)促进深刻的理解

商务英语通常涉及复杂的商业概念和专业术语,而多模态教学可以通过图像、声音、视频等多种方式呈现信息,帮助学生更全面、更深入地理解课程内容。例如,通过视觉图表、案例研究、实地考察等方式,学生可以更生动地理解商务概念和实践,而不仅仅依赖于抽象的文字材料。

(二)提高学习兴趣

多模态教学可以使商务英语课堂更加生动有趣。通过多感官的参与,学生更容易保持专注,因为他们可以在学习过程中获得更多的愉悦感。这不仅可以提高学生的学习动力,

还能够减少学习的枯燥性。

（三）培养综合交际能力

商务英语的核心目标之一是培养学生的综合交际能力，包括口头表达、书面沟通、演示技巧等。多模态教学强调多种交际模态的使用，鼓励学生在不同情境下运用多种方式表达和理解信息。这有助于学生更好地应对商务交际中的多样化挑战。

（四）拓展思维和解决问题能力

多模态教学要求学生综合利用不同模态的信息，这可以鼓励他们进行综合思考和解决问题。学生需要从多种信息来源中提取、分析和整合信息，这有助于培养他们的批判性思维和创新能力。

（五）适应职业发展需求

商务领域要求员工具备跨文化、多模态的沟通能力。商务英语课程的多模态教学可以更好地为学生提供实际工作中所需的技能和意识，使他们更容易适应不同文化和跨界交流的商务环境。

（六）推动课程改革

多模态教学可以为商务英语课程的改革提供动力。它鼓励教育机构更新教学方法、教材和评估方式，以更好地满足学生和行业的需求。这有助于商务英语课程的不断发展。

四、构建商务英语多模态教学模式

商务英语专业的学生不仅需要扎实的商务知识，还必须具备运用这些知识进行高效沟通和解决国际商务问题的能力。因此，商务英语教学的目标在于培养学生实际应用能力和语言运用能力。多模态教学注重学习的社会性和情境性，其核心思想是通过整合声音、视频等多种资源，将它们有机地融入教学过程中，以创造逼真的教学场景。同时，现代的网络和互联网技术为多模态教学提供了有力支持，它们提供了互动性强、多媒体丰富的学习环境，有助于构建更加立体化的实际训练场景。通过模拟真实商务交际活动，学生可以通过多种渠道获取、处理和吸收丰富的语言和非语言信息，从而更好地掌握商务英语技能。

下面将从四个方面详细阐述如何构建商务英语多模态教学模式：

（一）教学内容多模态化

1. 多媒体教材选择

在商务英语教学中，首先要选择多媒体教材，包括图像、音频、视频等。这些教材应该与课程内容相关，能够有效地传达商务概念和实际应用。可以使用商业新闻报道、商务演讲录音、行业案例分析、模拟商务会议等多媒体资源。

利用图像和图表可以帮助学生更好地理解和记忆信息。在商务英语中，可以使用流程图、组织结构图、市场数据图表等来呈现复杂的商业信息。这些图像可以激发学生的视觉记忆，帮助他们更好地理解商务概念。

音频和视频资源可以为商务英语课程增加听觉和视觉元素。通过播放商业演讲、模拟商务电话会议录音、商务交际视频等，学生可以听到真实的商务语境，提高听力技能和口语表达能力。

2. 实际案例和模拟情境

创造实际案例和模拟情境有助于将商务英语教学内容置于实际背景中。可以设计商务案例研究、商业角色扮演、模拟跨文化谈判等活动，让学生在真实情境中运用所学知识，提高他们的实际应用能力。

3. 互动和在线资源

利用在线教育平台和互动工具，可以为商务英语课程增加多模态元素。在线讨论、虚拟商务交际平台、在线商务模拟游戏等可以为学生提供多样化的学习体验。

值得注意的是，商务英语教学应考虑学生的个体差异。提供不同类型的多模态教材，让学生自由选择适合他们感知方式和学习风格的资源。这有助于个性化学习，让每个学生都能够更好地理解和掌握课程内容。

通过以上方式，商务英语教师可以使教学内容多模态化，从而更好地满足不同学生的需求，提高课程的吸引力和有效性。这样的教学方法能够激发学生的兴趣，增强他们的学习体验，使商务英语教育更具丰富性和实用性。

（二）教学手段多模态化

为了提高商务英语教学的效果，教师必须掌握并巧妙地运用不同的模态，强化、协同和互补这些模态之间的关系。举例来说，在以口语为主要教学模态的情况下，教师可以巧妙地运用肢体语言、PPT 演示、各种辅助设备以及参照物，以提高教学的效果和吸引学生的兴趣。然而，随着网络信息技术的飞速发展，传统的教学手段已经无法满足教育需求，这就需要多模态教学的应用。

多模态教学引入了各种新媒体，如数字白板、智能手机、商务英语综合实训软件和在线平台等。通过整合和利用这些高科技和多模态资源，多模态教学大大增强了商务英语模拟实践的真实性。它使商务英语教学能够与真实的商务环境保持一致，学生可以在理解教材内容的同时，迅速融入商务交际的模拟活动中。这种教学方法加深了学生对英语文化、国际商务环境以及商务知识的认识，同时弥补了因实训基地不足而导致的实际经验不足的问题。

因此，商务英语教师需要不断提升自己的教育水平。专业教师不仅需要熟练掌握所教授的内容，还需要灵活运用各种多媒体技术设备，如智能手机和电脑等。他们应该不断地结合和利用多模态教学资源，以构建更加自然逼真的商务英语交际环境。通过不断输入信息，教师可以实现事半功倍的教学效果，提高学生的学习动力和成就感，使他们更好地适应商务英语的挑战和需求。

（三）教学形式多模态化

商务英语的实践性要求教学形式多模态化，这意味着在教学过程中，需要采用丰富多样的教学方法和形式，以提高学生的学习兴趣、检验他们所学的知识，同时促进实际运用。

1. 课堂展现形式

在语言基本能力学习的教学活动中，教师应充分利用多种课堂展现形式。除了传统的讲授和练习，还可以通过小组讨论、角色扮演、实际案例分析等方式来激发学生积极参与的热情。多模态的课堂转变，如使用PPT、音频、视频等多媒体资源，可以使学生更好地理解和内化所学知识。

2. 第二课堂活动

第二课堂活动是一个重要的教学手段，可以让学生将课堂内外的语言知识与实践运用相结合。这包括实地考察、模拟商务活动、参观企业等实际体验。通过这些活动，学生可以将所学的商务英语知识应用到实际情境中，增强他们的实际操作能力。

3. 商务仿真软件和平台：

商务英语教育可以借助商务仿真软件和平台，如Sim Trade外贸实习平台、3D实训系统等，为学生提供实际商务环境的模拟体验。通过这些工具，学生可以参与真实感十足的商务活动，培养实际应用能力和决策技能。

4. 比赛和项目

通过各种比赛形式和项目任务，学生可以展示自己的商务英语能力。例如，英语演讲比赛、电影话剧配音比赛、英文歌曲大赛等，这些活动可以整合多模态资源，如音乐、表情、服装等，以共同表达意义，提高学生的表现力和自信心。

这些多模态化的教学形式不仅可以提高学生的参与度，还可以实现更优质的课堂教学效果。它们有助于学生更好地掌握商务英语技能，将所学知识运用到实际情境中，为其未来的职业发展做好充分准备。同时，教师也需要不断提升自己的教育水平，灵活运用多模态资源，以满足学生多样化的学习需求。

（四）教学评估多模态化

教学评估的多模态化是为了更全面地了解学生的学习情况和能力发展，特别强调形成性评估的重要性。

1. 多样化的形成性评估

形成性评估是教学评估中的关键部分，它关注学生在学习过程中的发展情况。多模态化的形成性评估内容包括口头语言实践操作，如口头报告和商务短剧表演等，以及书面作业，如项目设计书面报告等。这些不同形式的评估可以充分考查学生在口头和书面交际方面的能力。

2. 应用多媒体资源

在形成性评估中，教师可以要求学生使用多媒体资源来支持他们的口头和书面表达。

例如，学生可以制作包含图像、音频和视频的多媒体演示文稿，以增强其口头报告的吸引力和清晰度。这样的评估方式能够检测学生是否能够充分利用多模态资源来建构和传达信息。

3.结合其他形式的评估

多模态的教学评估可以采用其他形式，如微课制作、外贸函电的邮件或微信公众平台上的交流等。这些方式可以更好地模拟真实商务环境，评估学生的实际应用能力和跨文化交际技能。

4.注意考查学生的隐性能力

多模态的教学评估还包括隐性能力的考察，如团队协作精神和创新意识等。教师可以通过观察学生在团队项目中的表现、评估其创造性解决问题的能力等来评估这些隐性能力。

5.结合终结性评估

教学评估的最终目标是考查学生的商务英语综合应用能力。这可以通过让学生制作图文音像丰富的微课作品，并在课堂上演示来实现。师生互评和同学间互评相结合，能够提供更全面的反馈，帮助学生改进和提高其综合能力。

通过这些多模态的教学评估方式，教师可以更准确地了解学生的学习情况，评估他们的语言实践能力、创新能力和多模态资源利用能力。这样的评估方法不仅有助于学生更全面地发展商务英语技能，也能够提高教学的有效性和吸引力。

参考文献

[1] 陈明.马斯洛人本哲学[M].北京：九州出版社，2003.

[2] 李洪斌.论需求分析理论在我国高校ESP教学中的必要性[J].吉林广播电视大学学报，2007（1）：34-36.

[3] 鲍文.商务英语教育论[M].上海：上海交通大学出版社，2017.

[4] 李晓坤.商务英语语言及其教学研究[M].北京：中国纺织出版社，2017.

[5] 王利永.新时期高等学校数字化教材开发现状及必要性刍议[J].传播与版权，2020（03）：116-118.

[6] 刘桃冶.浅析数字化教材建设[J].课程教育研究，2020（17）：18-19.

[7] 吕晓轩等.商务英语教学评价理论与实践研究[M].黑龙江大学出版社，2016.

[8] 欧阳文萍.校企合作下高职商务英语专业建设研究[M].长春：吉林人民出版社，2016.

[9] 夏璐.商务英语教学设计[M].武汉：华中科技大学出版社，2016.

[10] 姜伟杰，商务英语教学理论研究[M].长春：吉林大学出版社，2016.

[11] 刘永厚.商务英语教学研究[M].北京：中国人民大学出版社，2016.

[12] 李琳娜.商务英语教学理论与实践研究[M].长春：吉林大学出版社，2016.

[13] 郝晶晶.商务英语教学理论与改革实践研究[M].成都：电子科技大学出版社，2017.

[14] 乐国斌."互联网+"时代商务英语教学模式研究[M].长春：东北师范大学出版社，2018.

[15] 庄玉兰.商务英语人才培养与教学改革研究[M].北京：北京理工大学出版社，2017.

[16] 廖桂宇.混合教学模式在商务英语教学创新中的应用[J].现代英语，2023（7）：21-24.

[17] 马媛婕.自适应学习系统研究[J].软件导刊，2018（5）：19-21.

[18] 顾小清.人工智能与智能教育丛书自适应学习[M].北京：教育科学出版社，2021.

[19] 于瑶.现代商务英语的跨文化交际与应用[M].长春：吉林大学出版社，2018.